LES CLIENTS
DE VOLTAIRE

LES CLIENTS
DE
VOLTAIRE

DISCOURS

PRONONCÉ A L'OUVERTURE DE LA CONFÉRENCE DES AVOCATS

LE 26 DÉCEMBRE 1868

PAR

RAOUL CALARY

AVOCAT A LA COUR IMPÉRIALE

PARIS
IMPRIMERIE DE J. CLAYE
7, RUE SAINT-BENOIT, 7

1868

LES CLIENTS
DE VOLTAIRE

MONSIEUR LE BATONNIER,

MESSIEURS ET CHERS CONFRÈRES,

Trente années devaient s'écouler encore avant la Révolution de 89, et cependant la France de Richelieu et de Louis XIV avait déjà subi une profonde transformation. Sans doute, rien n'était changé extérieurement ; les formes étaient les mêmes ; les fondements sur lesquels on avait édifié la monarchie française, clergé, noblesse, parlements, subsistaient en apparence : mais, si nous examinons cette époque d'un regard plus attentif, nous sommes frappés du travail de destruction qui s'était accompli. A côté d'un monarque indifférent au bien public et dégradé par de honteux plaisirs, nous trouvons un clergé dominé par l'esprit de cour, dont les membres les plus élevés n'ont souvent d'autres titres qu'un grand nom ou les grâces de leu esprit ; une noblesse dégénérée de la force et de la fierté d'autrefois, qui n'a conservé du temps féodal que des mœurs corrompues et des habitudes insolentes, qui n'est plus une classe politique, pas même une classe militaire, et qui, devenue inutile, a perdu désormais toute raison d'être; des parlements enfin, étrangers au progrès des esprits, parfois encore hardis devant le Pouvoir, mais faibles devant l'opinion, le plus souvent occupés de mesquines difficultés théologiques et qu'un véritable intérêt politique ou social n'émeut pas : de toutes parts, en un mot, les éléments « destinés à servir de défense à la société » tombent d'eux-mêmes en dissolution, et, si la réforme n'a pas pénétré dans les institutions, elle est déjà faite dans les idées.

Au milieu de ce bouleversement général, la justice criminelle reste debout, insensible au changement qui se produit autour d'elle. Si les corps judiciaires ont cessé de remplir le rôle politique considérable dont ils avaient su s'acquitter autrefois, ils continuent toujours d'appliquer la procédure et la pénalité si cruelles des siècles passés. Quant à l'esprit public, qui s'élève contre les abus de la royauté, du clergé et de la noblesse, qui s'attaque même à l'entêtement et à l'immobilité des parlements en matière politique, il laisse, par une inconséquence singulière, ces mêmes parlements conserver, sans que sa sollicitude s'éveille, les formes barbares d'une justice peu rassurante pour l'innocence. Après avoir pendant tout le XVIIe siècle considéré la justice comme un sanctuaire où la foule ne pouvait porter ses regards, il assiste impassible, depuis le commencement du XVIIIe, à toutes les rigueurs de la procédure et des peines. Ce n'est plus, il est vrai, comme à l'époque précédente, le respect des choses établies qui détourne les intelligences de ces sombres sujets ; c'est la frivolité, ou plutôt « la politesse sans véritable sensibilité. » La société n'est pas seulement légère, adonnée à la vie délicate ; elle se plaît, en outre, à la finesse caustique, à l'épigramme continuelle et à l'ironie, qui glacent peu à peu, dans le cœur de l'homme, les meilleurs sentiments, surtout l'amour de ses semblables ; elle s'est fait de l'esprit de malice et de moquerie, presque de méchanceté, un véritable tempérament ; et voilà pourquoi elle reste indifférente au milieu des supplices, sans faire entendre un cri de pitié : « Les honnêtes gens, dit Voltaire, en passant par la place de Grève, ordonnent à leur cocher d'aller vite et vont se distraire à l'Opéra du spectacle affreux qu'ils ont vu sur leur chemin. »

Le tableau est vrai de la société tout entière, et surtout de la noblesse et du clergé. Quant aux parlements, à supposer qu'ils pussent échapper à la légèreté mondaine et à l'esprit froidement moqueur du temps, ils avaient, pour garder le silence, un autre motif : ils croyaient leur existence liée à la rigueur des lois criminelles qu'ils étaient chargés d'appliquer ; et, comme tous les pouvoirs à leur déclin, qui font de la cause de leurs abus leur propre cause, ils défendaient ces lois avec autant d'énergie que leurs prérogatives les plus chères. Une protestation pouvait-elle, du moins, s'élever du barreau ? Sans doute, il renfermait dans son sein des âmes généreuses : mais on sait que, fidèles auxiliaires des parlements, lorsque ceux-ci, après avoir épuisé leur droit de remontrance, interrompaient le cours de la justice, les avocats n'auraient pas consenti à plaider devant une magistrature improvisée et fermaient même leurs cabinets; il leur eût été difficile, après avoir ainsi dans les circonstances les plus graves fait cause commune avec les parlements, de critiquer en matière pénale un corps dont ils étaient les fidèles soutiens politiques. Ajoutons que, à voir appliquer chaque jour des dispositions barbares, la sensibilité s'émousse, et que, les avocats se familiarisant peu à peu avec les peines par la continuité du spectacle, ces peines finissaient naturellement par leur paraître moins rigoureuses. Le barreau n'était donc pas capable de remuer profondément cette société frivole, froidement polie, indifférente aux souffrances humaines : il avait lui-même besoin d'être excité par une voix puissante à la défense des opprimés.

Ainsi, pendant la première moitié du siècle, silence complet sur ces graves questions : l'esprit public passe à côté d'elles sans se révolter, sans manifester un doute; la loi continue toujours de frapper l'accusé sur de simples indices, de proscrire toute procédure publique, d'ordonner la torture comme mode de preuve, de prodiguer la peine de mort, d'inventer les supplices les plus raffinés, de frapper même des faits comme le sacrilége, le suicide, l'hérésie, qui ne peuvent être des crimes qu'aux yeux de la religion. Voilà la justice au milieu du siècle dernier, cette justice cruelle, devenant plus cruelle encore lorsque les juges chargés de l'appliquer obéissent à un sentiment qui les aveugle, comme la passion politique ou le fanatisme religieux.

Ce que le clergé, la noblesse, les parlements, le barreau ne faisaient pas, les lettres devaient l'accomplir. Leur puissance avait grandi au XVIIe siècle et bientôt remplacé celle des corps politiques affaiblis et presque annulés par Louis XIV; mais, modeste encore par les objets auxquels elle appliquait son génie, elle fut longtemps satisfaite par la noble jouissance des arts et de la poésie, ou bien, s'élevant aux questions qui touchent à l'existence des peuples et des individus, elle était restée spéculative : Fénelon, Vauban, l'abbé de Saint-Pierre, d'Argenson et avec lui l'académie de l'Entre-sol font à peine pressentir l'ère des réformes nouvelles; les grands hommes qui vont illustrer le XVIIIe siècle n'abordent eux-mêmes que d'un esprit d'abord timide les sujets qu'ils traiteront plus tard avec tant d'autorité. Mais, vers le milieu du règne de Louis XV, les esprits s'éveillent peu à peu, l'opinion a des besoins nouveaux; la puissance des lettres abandonne alors son caractère artificiel, obéit aux préoccupations qui naissent de toutes parts et cherche à en interpréter les tendances; elle devient plus active, et, changeant de but, aborde toutes les questions sociales, politiques, religieuses, dénonçant avec courage les abus, les fautes, les erreurs. On eut alors ce qui a été appelé *la philosophie du* XVIIIe *siècle*.

Cette philosophie a donné une impulsion nouvelle à toutes les sphères de l'activité humaine : après avoir établi l'inviolabilité de la pensée et laissé tous les cultes au choix de la conscience individuelle, elle a essayé d'épurer le sentiment religieux en le séparant des superstitions grossières qui l'avaient envahi et surtout en retirant à l'Église le rôle oppressif qu'elle s'arrogeait; elle s'est proposé toutes les conquêtes égalitaires et sociales réalisées par la Révolution de 89 et restées intactes à travers les bouleversements de notre siècle ; elle a considéré la réforme politique comme le couronnement naturel de toutes les autres, et, voyant dans la liberté le bien le plus élevé que l'homme puisse ambitionner, elle en a fait, non un moyen de gouvernement, bon ou mauvais selon les temps, mais le principe de toute réforme politique. On peut la caractériser en disant que, animée d'un véritable amour pour l'humanité, elle a voulu la guérir de ses misères, la relever de son abaissement, lui faire retrouver ses droits : pour atteindre ce résultat, elle a essayé de découvrir aux institutions une raison d'être, et soumis toutes choses aux lois souveraines du bon sens. C'est cette philosophie du XVIIIe siècle, qui a créé, dans ce qu'il a de juste, le droit public actuel de la France et de l'Europe, et d'où nous vient tout ce que nous avons de meilleur, qui protesta, au nom de la dignité humaine, contre une législation devenue impitoyable sous l'influence du despotisme religieux et politique, et singulièrement éloignée de l'esprit chrétien dont elle se prétendait issue.

Parmi ceux qui élevèrent ainsi la voix, nous comptons les plus célèbres de cette époque si fertile en grands hommes, et, au premier rang, Voltaire, le plus grand de tous.

Voltaire est un des représentants les plus illustres qu'ait jamais eus la raison : personne, du moins, n'a lutté avec autant de courage et de persévérance pour le triomphe de cette cause. Faire triompher la raison, la raison pure de toute hypothèse, de tout paradoxe et de toute utopie, la raison qui peut être parlée à tous et comprise de tous, la seule langue universelle, en un mot, le sens commun, voilà le but de Voltaire. Travailler sans cesse à ce triomphe, voilà toute sa vie.

Il réussit et il devait réussir : jamais homme ne fut mieux fait pour dominer et diriger son époque. A un esprit qui réunissait des qualités opposées et presque contradictoires, le fond le plus sérieux et souvent une apparence légère, la profondeur et l'agrément, la raillerie mordante et l'émotion vraie, où la vivacité s'alliait toujours à la plus admirable justesse, et quelquefois la passion à l'impartialité, il joignait cette forme charmante, d'un naturel parfait, la clarté et la variété perpétuelle, « organe rapide du plus agréable bon sens, » qui permettait de faire tout comprendre à tout le monde. Comme chef de parti, enfin, il avait une habileté merveilleuse, sachant tour à tour, et avec un à-propos admirable, retenir et exciter les siens, audacieux quand ils hésitaient, se repliant sur lui-même s'ils avaient compromis la cause par quelque imprudence. Cet esprit qui plaisait à tous, ce langage séduisant, cette audace prudente : voilà les armes dont il se servit dans le long combat, où, sans se reposer jamais, il lutta pour la raison.

La raison ! il en proclama l'empire souverain, repoussant partout ce qui ne lui semblait pas en harmonie avec elle : en religion, il demande pour tous les hommes la liberté de croire ce qu'ils veulent, c'est-à-dire la liberté de conscience; en philosophie, il rejette les systèmes, et, comme Socrate, en revient au sens commun; il simplifie la morale et la ramène aux vertus utiles, estimant en toutes choses la pratique plus que la théorie; en politique, il veut une liberté tempérée, mais réelle, également éloignée du despotisme d'un homme et de celui de la foule; en législation, des lois civiles plus uniformes et surtout des lois criminelles moins atroces. Mais s'il attaqua ainsi la procédure et les peines de son temps, ce n'est pas seulement parce que leur barbarie révoltait le plus grossier bon sens et devait révolter plus encore son esprit droit, véritable raison appliquée; c'est aussi parce que, doué d'une chaleur inaltérable de sentiments et d'un profond dévouement à l'humanité, il en désirait ardemment le bonheur et souffrait de toutes ses souffrances.

Rappeler les condamnations iniques et absurdes qui frappèrent son attention; dire quel sentiment l'animait quand il éleva la voix, et quel but il voulait atteindre; faire connaître ses protestations indignées contre le secret de la procédure, contre la question, contre les supplices recherchés et cruellement compliqués, contre les peines infligées au nom de la société aux offenses commises envers la religion; retracer ses efforts pour détruire le fanatisme religieux qui souvent égare les magistrats et les rend plus impitoyables encore que la justice qu'ils sont chargés d'appliquer; montrer quelle ardeur il déploie au commencement de la lutte; quelle activité dès quelle est engagée, écrivant de tous les côtés, recherchant des preuves, remuant des intrigues; quelle fermeté persévérante quand le succès paraît compromis, relevant alors tous les courages et ramenant au combat ceux qui le désertaient; quelle adresse pour intéresser à de malheureux condamnés, dont elle sait à peine le nom, une société égoïste et frivole, habituée encore à considérer d'un regard tranquille les peines cruelles et les erreurs judiciaires; dire enfin le résultat qu'ont produit ses efforts courageux, et pour ceux dont il avait pris la défense, et surtout au point de vue du mouvement général des esprits dans tout ce qui touche à la justice : tel est l'objet de ce travail.

C'est à Ferney que Voltaire s'occupa des injustices judiciaires. Pour exercer une influence décisive sur la réforme de nos lois criminelles, il lui fallait, en effet, à lui qui ne pouvait que s'adresser à l'opinion, une renommée littéraire immense qui s'imposât à l'admiration de tous, et une existence sociale considérable dont la dignité pût attirer le respect universel : or, cette renommée d'écrivain, cette existence pleine de noblesse et presque de majesté, Voltaire ne les posséda jamais autant qu'à Ferney. Sans doute, quand il débuta dans la vie, il avait déjà la grâce, le brillant et même le sérieux; de plus, sa jeunesse, favorisée par des circonstances heureuses, avait été comme portée par la destinée. Mais ce n'était pas au temps où il passait sa vie dans ce beau monde, tantôt au château de Villars, tantôt chez le duc de Richelieu, ou avec les Sully, les d'Ussé, les Lafeuillade, qu'il aurait pu, âgé de vingt-cinq ans, se faire le champion victorieux de la cause de l'humanité. Plus tard, à son retour d'Angleterre, commença sa liaison avec la marquise du Châtelet : elle dura quinze années, et, malgré les mœurs faciles du temps, elle ne pouvait qu'amoindrir l'influence morale exercée par Voltaire sur ses contemporains; il habitait, en outre, chez la marquise, à Cirey, et, bien qu'il contribuât très-largement, grâce à son immense fortune, au luxe dont ils s'entouraient, sa situation était un peu diminuée par une hospitalité de cette nature : l'existence sociale vraiment respectable et respectée, qui ne subsiste que par la dignité absolue du caractère et de la conduite, et sans laquelle il ne pouvait, malgré toute sa renommée, inspirer assez de confiance à son siècle pour s'en faire toujours écouter, lui manqua donc un peu dans cette période de sa vie. Il ne devait pas la trouver davantage en Prusse où il essaya de se fixer en 1750. Enfin, plus heureusement inspiré, après cette triste campagne, il alla s'établir entre le lac de Genève et le mont Jura, dans le pays de Gex, à Ferney : alors, commença pour lui une existence en quelque sorte nouvelle, très-différente de sa vie passée, qui déconcerte un peu ceux-là mêmes qui sont disposés à le critiquer toujours, et dans laquelle il exerça sur le monde intellectuel et moral une véritable royauté.

Tout travailla à la lui assurer : d'abord, l'esprit du temps avait marché et des idées pour lesquelles, un quart de siècle plus tôt, on aurait vainement combattu, trouvaient maintenant, pour porter leurs fruits, une terre bien préparée. Avec l'esprit du temps qui se développait, la célébrité de Voltaire, chaque jour mieux compris, dut naturellement grandir et elle grandit, en effet, jusqu'à la fin, chaque jour davantage, quoique son talent, arrivé depuis longtemps à l'apogée, ne pût s'élever plus haut dans cette dernière partie de sa vie. Puis, avec l'âge, et aussi par l'éloignement où il se tenait de Paris et des occasions que le monde parisien pouvait lui offrir encore de rentrer dans la vie agitée, le calme était venu : les excellentes qualités morales, que certains travers avaient fait longtemps méconnaître, se montraient dans tout leur jour; pendant vingt ans, et d'une manière désintéressée, on le vit s'occuper de tout ce qui se passait autour de lui ou loin de lui, y prenant part, faisant des affaires des autres ses propres affaires : « Le plaisir de secourir les hommes, disait-il, est la seule ressource d'un vieillard, et, plus la santé s'affaiblit, plus il faut se presser de faire du bien. » Ajoutons que les générations contemporaines de sa jeunesse étaient remplacées par d'autres, qui, ne connaissant que cette fin de carrière si paisible et si noble, avaient pour lui une admiration sans mélange. Enfin, l'éloignement lui-même, toujours favorable aux hommes célèbres dont il dissimule, comme dans l'ombre, les faiblesses et les défauts, devait naturellement augmenter encore la révérence qu'il inspirait par lui-même. Aussi sa vieillesse finit-elle par exciter dans toute l'Europe un concert de louanges qui, sans s'affaiblir un instant, dura jusqu'à sa mort. Son influence devint prépondérante, non-seulement en matière d'iniquités judiciaires, mais en toutes choses : des parties les plus éloignées de la France et de l'Europe, on venait, comme à un arbitre suprême, lui raconter les injustices commises et implorer son appui. On peut dire que, dans cette dernière partie de sa vie, il eut la plus grande situation morale qu'un homme ait jamais possédée.

C'est cette situation exceptionnelle, rendant pour lui tout possible, qui le porta naturellement alors à venger les victimes de notre justice criminelle. Ce fut donc à Ferney, dans ce château où il passa les vingt dernières années de sa vie, s'occupant, avec une activité merveilleuse, des objets les plus divers : donnant ses soins à son parc, à ses maisons de campagne des Délices et de Lausanne, à ses manufactures de montres; attentif au bien public dans la petite contrée de Gex, améliorant le sort de ceux qui vivaient auprès de lui, soutenant ses voisins les mainmortables de Saint-Claude qui voulaient s'affranchir de la glèbe monacale; donnant toujours une grande partie de son temps à la littérature, composant des tragédies et des comédies qu'il faisait jouer et jouait lui-même, des contes en vers et en prose, commentant les œuvres de Pierre Corneille dont il élevait auprès de lui et dotait la petite-nièce; dirigeant, à cent cinquante lieues de Paris, l'Académie française où il ne laissait entrer que des fidèles; applaudissant Choiseul de la chute des Jésuites, Maupeou de son coup d'état judiciaire, Turgot de ses vues sagement réformatrices; en correspondance habituelle avec Frédéric le Grand et Catherine II; en un mot, ne restant étranger à rien de ce qui se passait en Europe : c'est là, du fond de cette retraite, qu'il soutint la cause des Calas, des Sirven, du chevalier de La Barre, de Montbailly, de Lally-Tollendal.

Ce que nous chercherons surtout dans ces procès célèbres, c'est Voltaire, ses merveilleuses qualités d'esprit et de caractère, ses efforts, son influence. Dans chaque cause, toutefois, nous devrons d'abord toucher aux événements qui sont comme le prologue du drame et qui, précédant l'entrée en scène de Voltaire, nous donnent la mesure du rôle qu'il a eu à remplir.

Celui de ces opprimés dont Voltaire s'occupa d'abord

fut Calas : dans cette cause, il eut à lutter contre le fanatisme religieux.

Jean Calas, marchand à Toulouse, était protestant.

On connaît la situation des Protestants à cette époque : depuis la révocation de l'Édit de Nantes, il n'y avait plus, légalement, de Protestants en France; mais, on avait dû bientôt, malgré la fiction qui les supposait tous convertis, reconnaître qu'il en existait encore dans le Royaume. Alors fut organisée, pour eux, une situation vraiment horrible : on les frappait de l'interdiction des droits civils; leurs femmes étaient traitées en concubines, leurs enfants en bâtards; on punissait des galères le refus des sacrements; ceux qui, à l'heure dernière, sollicités de se convertir, persévéraient dans leur foi, étaient traînés sur la claie. Mais, cet état de choses s'adoucit dans le cours du XVIIIe siècle, et, tout en rendant leur existence encore très-difficile, on finit par la tolérer : ajoutons cependant, pour donner une idée exacte de cette tolérance, que chaque année on en massacrait encore quelques-uns.

Le 13 octobre 1761, Calas avait dîné avec sa femme, ses fils Marc-Antoine et Pierre, et un jeune homme, Lavaysse, fils d'un avocat de Toulouse. Vers sept heures, à la fin du repas, Marc-Antoine se leva et sortit. Deux heures plus tard, Lavaysse descendit avec Pierre. Avant de gagner la rue, ils entrèrent dans la boutique : mais à peine y avaient-ils pénétré, qu'ils virent Marc-Antoine pendu à une porte intérieure; sur les battants ouverts était placé un bâton; et à ce bâton la corde, qui suspendait Marc-Antoine, était fixée. Aux cris des deux jeunes gens, Calas accourut, détacha le corps, et, tandis que sa femme descendait aussi, envoya chercher un médecin : mais le corps était déjà *presque froid.* Cependant, les voisins étaient attirés par le bruit; bientôt arriva David de Beaudrigue, un des Capitouls, chargés de l'administration, de la police municipale, et de la justice haute et basse dans Toulouse et son territoire. Une heure après l'événement, la foule, qui se pressait à la porte, commençait à murmurer que les Calas avaient assassiné leur fils parce qu'il voulait se convertir au Catholicisme. Cette accusation passa de bouche en bouche : bientôt, il fut certain pour tous que l'abjuration devait avoir lieu le lendemain, et que la religion protestante ordonne aux parents de tuer leurs enfants apostats.

Ces calomnies fanatiques ne peuvent surprendre chez un peuple que les questions religieuses ont toujours singulièrement agité. Sans remonter plus avant dans l'histoire, on connaît les trois croisades contre les Albigeois, on sait que Toulouse a vu, au XIIe et au XIIIe siècles, des confréries de Pénitents s'organiser contre l'hérésie, et l'Inquisition naître dans son sein. Au XVIe siècle, elle fournit les premiers martyrs protestants de France; et, en 1562, un temple qui pouvait contenir huit mille personnes se trouva trop petit. Pour empêcher la Réforme de s'étendre dans Toulouse, on songea alors à faire un massacre général des Protestants : le 17 mai 1562, la population catholique se jeta sur eux et en tua cinq mille; cette glorieuse journée conserva le nom de *Jour de la Délivrance.* Dès lors, le Catholicisme triompha dans Toulouse et y régna avec un esprit de fanatisme qui n'a pas été dépassé; on sait que le Parlement remercia Dieu de l'assassinat de Henri III et ordonna une procession en l'honneur de saint

Jacques Clément, que la révocation de l'Édit de Nantes fut reçue avec enthousiasme, et que les anniversaires de la Délivrance ont été célébrés pendant plus de deux siècles : « Les têtes toulousaines, écrivait Voltaire à La Chalotais, tiennent de Dominique et de Torquemada. » C'est au milieu de ce peuple, qui à ce moment-là même allait célébrer le second anniversaire séculaire de la Délivrance, qu'eut lieu la mort de Marc-Antoine Calas.

Le capitoul David, violent, emporté, frénétique, est sur-le-champ convaincu que les Calas ont tué leur fils : voilà son point de départ. Dès lors toutes les précautions lui paraissent superflues : il n'examine même pas les lieux ; il oublie de constater que Marc-Antoine n'a aucune trace de violence sur sa personne. Sa seule préoccupation, c'est d'arrêter les Calas, Lavaysse et la servante Jeanne Viguier. Puis, avec eux, et précédé du cadavre, il quitte la maison, n'y laissant même pas de gardes. A l'hôtel de ville seulement il dresse son procès-verbal.

Cependant, on procède à un interrogatoire : dès l'abord, Calas, qui connaissait le caractère naturellement inquiet de son fils, devenu plus sombre encore depuis quelques années, avait cru à un suicide, et, comme les suicidés étaient traînés à travers les rues, puis suspendus au gibet, il avait redouté pour sa famille la honte de cette exécution : « Ne répandons pas le bruit que Marc-Antoine s'est défait lui-même, » dit-il à Pierre et à Lavaysse. Ils déclarèrent donc qu'ils l'avaient trouvé sans vie sur le plancher du magasin. Mensonge maladroit! on reconnaissait facilement qu'il avait été pendu ou étranglé. Du reste, dès qu'ils se virent sérieusement accusés, ils dirent tous qu'ils l'avaient découvert pendu : ce qui prouve qu'ils déclaraient alors la vérité, c'est qu'ils répondirent tous absolument de même, quoiqu'ils fussent déjà enfermés séparément, sans communication entre eux, dans l'impossibilité de s'entendre.

Cependant, trente témoins avaient été interrogés, et on ne trouvait aucune preuve contre les Calas.

On eut alors recours à un monitoire : moyen étrange d'obtenir des témoignages ! Le procureur du roi dressait une liste des faits dont il voulait avoir la preuve ; puis un avertissement était lu au prône pour informer ceux qui les connaîtraient, par *ouï-dire* ou *autrement*, qu'ils encourraient l'excommunication en ne les déclarant pas : de simples curés, de minces vicaires, devenaient ainsi des juges d'instruction.

Tout monitoire devait être conçu à la fois à charge et à *décharge*, ne pas présenter comme certains les faits en question, ne pas désigner les personnes incriminées : or, le monitoire lancé contre les Calas menaçait ceux qui ne déposeraient pas contre eux, mais se taisait sur les témoins qui auraient eu à déposer en leur faveur, et de la sorte ces derniers ne pouvaient se présenter ; il qualifiait *crime* la mort de Marc-Antoine, c'est-à-dire tranchait la difficulté à résoudre ; enfin il désignait les Calas comme assassins de leur fils.

L'intervention ecclésiastique ne s'arrêta pas là : le procureur du roi et David décidèrent qu'il fallait ensevelir le corps ; l'inhumation eut lieu un dimanche avec éclat. Quelques jours après, les Pénitents Blancs firent célébrer pour son âme un service magnifique : tous les ordres religieux y assistèrent. Sur un catafalque, au milieu de l'église, était un squelette tenant une palme et portant cette inscription : *Abjuration de l'hérésie*; à ses pieds, le nom du défunt. Marc-Antoine devenait ainsi un martyr, mort pour la religion catholique : on en fit bientôt un saint, et des miracles s'accomplirent sur sa tombe.

Cependant, l'instruction se poursuivait, mais de manière à rendre la condamnation certaine. Non-seulement les Calas étaient soumis à l'horrible procédure du temps, mais ils ne furent pas admis à faire la preuve des faits qui les justifiaient : une condamnation devenait, en effet, nécessaire pour les Capitouls, qui pouvaient être pris à partie si les accusés étaient absous. Aussi, le 18 novembre, Calas, sa femme et son fils furent-ils condamnés à subir la question ; Lavaysse et Jeanne Viguier devaient y être seulement présentés.

Cette sentence fut cassée et le Parlement retint la cause ; il allait l'examiner avec autant de passion que les Capitouls.

On opposait aux Calas les cris entendus, vers neuf heures, par les voisins : mais ces cris ne pouvaient être ceux de Marc-Antoine, puisque, à neuf heures et demie, son corps était *presque froid*. On alléguait, d'après la disposition des lieux, l'impossibilité physique du suicide : l'inanité de cette objection fut aisément démontrée. Le corps du défunt ne présentait, du reste, aucune trace de lutte, et Marc-Antoine était un jeune homme de vingt-huit ans qu'il eût été impossible de tuer sans une vive résistance. Il s'était, disait-on, converti au catholicisme : on ne put trouver un indice d'abjuration, de communion, ou même de confession. L'accusation le représentait comme maltraité par ses parents : tout ce qu'elle put trouver, c'est que Calas alliait à une grande douceur beaucoup de fermeté. Elle avait soutenu que le Protestantisme ordonne aux parents de tuer leurs enfants apostats : cette calomnie fut démentie par toutes les nations protestantes.

Dans cette longue procédure, cent cinquante témoins furent appelés. Aucun d'eux n'avait rien vu ou entendu qui eût rapport au crime ; le crime lui-même n'était pas prouvé et tout démontrait le suicide : c'est dans ces circonstances que Jean Calas fut condamné à mort.

Il subit d'abord la question : en lisant le procès-verbal de cet interrogatoire, on voit à chaque ligne éclater la vérité. Au milieu des douleurs, Calas nous apparaît toujours avec sa conscience droite et sans reproche. Fatigué par les souffrances de la prison, il n'avait pas faibli. Brisé par la question, il résista encore, et ce mensonge que ses juges lui demandaient, on ne put le lui arracher. L'échafaud ne devait pas le vaincre davantage : on raconte qu'en allant au supplice il passa devant sa maison, qu'il s'agenouilla alors dans la charrette, et bénit cette pauvre demeure où il avait vécu longtemps ignoré et heureux ; sur l'échafaud, il fut rompu vif et attaché à la roue ; il y resta deux heures, sans une parole de colère, sans un murmure, priant pour ses bourreaux. Il mourut avec la sérénité d'un martyr, dans la paix et l'espérance.

Lorsqu'on étudie le procès de Calas, quand on voit cette innocence lumineusement démontrée dès le premier jour de l'instruction, odieusement méconnue, cette partialité, ces illégalités ; quand on lit ce supplice d'un juste que des fanatiques ont fait mourir, on éprouve comme un soulagement à la pensée que David de Beaudrigue, le désespoir dans l'âme, exécré du genre humain, est devenu fou et s'est tué en prononçant le nom de Calas, et on se prend à désirer que ses autres juges aient eu, eux aussi, une vieillesse courbée sous le poids du remords, en expiation de cette grande injustice.

Calas mort, restaient Mme Calas, son fils, Lavaysse et Jeanne Viguier. S'il était coupable, ils l'étaient tous comme lui ; mais les juges n'osèrent pas être conséquents avec eux-mêmes : Pierre fut banni ; sa mère, Lavaysse et la domestique acquittés.

Ces victimes de la justice toulousaine devaient bientôt trouver un puissant avocat : Voltaire, saisi d'une émotion sincère, d'une indignation honnête et ardente, allait entreprendre de réhabiliter la mémoire de Calas et de restituer à la famille une partie de ce qu'elle avait perdu. On peut diviser en trois périodes l'histoire de ses généreux efforts. Dans la première, avec ce fond de prudence qui ne l'abandonnait jamais, il s'efforce de connaître exactement la vérité. Dans la seconde, il attaque le parlement de Toulouse : c'est la période la plus active, la mieux remplie ; il déploie tout son esprit, toute son adresse, toute son éloquence ; il enrôle dans la cause des Calas les plus grands personnages du temps, et plus encore, l'opinion publique ; enfin l'arrêt est cassé. Dans la troisième, il s'efforce de relever ces infortunés de la misère où on les avait plongés.

C'est à la fin de mars 1762 qu'un négociant de Marseille vit Voltaire, en se rendant à Genève, et lui raconta cet horrible procès. Dans les premiers moments, ignorant de quel côté était la vérité, Voltaire suspendit son jugement :

« Il s'agit de savoir, écrivait-il à Mme de Florian, si un père et une mère ont pendu leur fils par tendresse pour la secte de Calvin, ou si des juges ont fait expirer sur la roue un père innocent, par tendresse pour la religion romaine. » Mais un résultat, du moins, était évident : c'est que, d'un côté ou de l'autre, le fanatisme, protestant ou catholique, avait abouti à un acte de cruauté effroyable. Or, les crimes commis par fanatisme indignaient Voltaire. Il se révoltait tout entier contre des actes sanglants commis au nom de Dieu. Sans savoir encore qui avait raison dans le drame de Toulouse, il se promit donc de l'approfondir et de flétrir les assassins, soit protestants, soit catholiques.

Les premières lettres qu'il reçut étaient contradictoires : les uns prétendaient que le fanatisme avait fait pendre un fils par son père, les autres qu'il avait fait rouer un innocent par des magistrats. Les derniers mots d'une lettre qu'il écrivait alors au cardinal de Bernis, ce prélat aimable qu'une aventure comme celle des Calas ne pouvait laisser indifférent, car il possédait, sous une mollesse apparente et des dehors mondains, « un véritable fond de générosité humaine et chrétienne, » prouvent bien l'état de son esprit : « Il faut, dit-il, regarder le parlement de Toulouse ou les Protestants avec des yeux d'horreur;... toutes les lettres que je reçois se contredisent; c'est un chaos qu'il est impossible de débrouiller. »

Tout à coup, il apprit que Donat Calas, le plus jeune des fils de Calas, avait fui à Genève, en apprenant à Nîmes les malheurs de sa famille. Il le fit venir à Ferney. Il s'attendait à trouver un huguenot fanatique; il vit un enfant doux et affectueux. Donat resta à Ferney, et Voltaire, avec son esprit pénétrant, put ainsi, à loisir, dans de longs entretiens, étudier la famille Calas dans cet enfant qui lui en révélait l'intérieur. C'est ainsi qu'il apprit que les Calas gardaient depuis vingt-cinq ans une servante catholique et qu'un de leurs fils s'était déjà converti au catholicisme; il apprit aussi qu'ils n'avaient jamais maltraité un de leurs enfants et qu'il n'existait point de parents plus tendres. Il commença dès lors à les croire innocents et essaya d'intéresser à leur cause ses amis les plus considérables : au premier rang, le duc de Richelieu, celui qu'il appelait *mon héros*, le représentant le plus brillant d'une classe tout entière de la société de cette époque, esprit léger et superficiel, impertinent, sceptique, comme tous ceux de son monde qui avaient traversé la régence, mais spirituel, brave, et parfois généreux avec une certaine grandeur.

En même temps, il cherchait de nouveaux renseignements. Deux négociants de Genève connaissaient la famille Calas; il les consulta : on lui répondit qu'elle ne pouvait être fanatique et parricide. Il se mettait aussi en rapport avec Mme Calas, qui n'hésitait pas à signer, au nom de Dieu, l'innocence de tous les siens. Enfin, il employait l'activité de l'avocat de Végobre, qui lui remit des notes sur lesquelles il composa plus tard divers écrits en faveur des Calas. A Montpellier, il agissait sur M. de Saint-Priest, intendant du Languedoc. A Genève, le pasteur Moultou était chargé de lui fournir toutes les pièces de jurisprudence nécessaires. Jamais enquête ne fut dirigée avec un plus grand souci de tous les détails. On a reproché à Voltaire les détours, les ruses, dont il se servait pour obtenir des preuves : reconnaissons que le courage ne suffisait pas, que l'adresse encore était nécessaire, pour accomplir cette grande œuvre de justice qui a donné à sa renommée une base impérissable.

Après deux mois de recherches, il était convaincu de l'innocence des Calas. D'ailleurs, une partie de la France l'était avec lui : on commençait à comprendre que le seul assassinat, dans cet horrible drame, avait été commis sur l'échafaud, en plein jour, devant une foule immense et par ordre du parlement. Ce n'est donc pas d'avoir découvert l'erreur judiciaire de Toulouse qu'il faut louer Voltaire; c'est d'avoir, dans le silence universel, élevé la voix pour l'attaquer. Il est une différence profonde entre l'opinion publique qui comprend qu'une réparation est due, qu'une réforme est nécessaire, mais qui se tait, et l'opinion qui réclame énergiquement cette réparation, cette réforme : Voltaire aura toujours l'honneur insigne d'avoir dit hautement ce que les autres pensaient tout bas, et, au milieu de l'inaction générale, d'avoir agi courageusement.

L'entreprise était grave : il fallait, en soulevant l'opinion de la France et de l'Europe, amener un Parlement à révoquer « de gré ou de force » sa sentence ; il fallait réhabiliter la mémoire de Calas et offrir une réparation à sa famille. Mais Voltaire ne doutait plus : il n'hésita pas.

Il fut admirablement secondé par Mme Calas : cette femme d'une énergie calme, d'une haute dignité de caractère, était de famille noble et alliée à plusieurs grandes maisons du Languedoc ; dans l'existence douloureuse qu'elle eut à parcourir, elle montra tout le courage de ses ancêtres sans avoir leur vanité. Elle-même, cependant, trembla d'abord quand on lui proposa d'aller à Paris et de solliciter auprès des grands. Après l'exécution de son mari, elle s'était retirée à la campagne; et là, privée de ses filles, séparée de ses fils, elle vivait seule. Protester contre une sentence du parlement, s'attaquer à ce pouvoir redoutable qui avait brisé sa famille et détruit son bonheur, n'était-ce pas une tentative inutile et même périlleuse? Mais son hésitation ne dura pas. Elle comprit qu'il y avait là un devoir à remplir, qu'elle devait tout sacrifier, tout affronter, sans relâche, jusqu'à la mort, pour réhabiliter la mémoire de Jean Calas : elle partit pour Paris.

Elle y arriva dans les premiers jours de juin. Voltaire l'avait adressée à d'Alembert, qui devait diriger ses premières démarches. L'illustre encyclopédiste fut ému de cette horrible situation. « Mme Calas est venue me voir, écrit-il à Voltaire... Il ne faut pas se plaindre d'être malheureux quand on voit une famille qui l'est à ce point-là. Je parlerai et crierai même en leur faveur. »

En même temps, Voltaire avait donné à Mme Calas une lettre qui lui servît de passe-port pour être admise chez son ami le comte d'Argental, auquel il demandait de gagner M. de Choiseul à la cause de ses protégés : « Que M. de Choiseul daigne l'écouter, s'écriait-il,... parlez-en à M. de Choiseul; ne sera-t-il point curieux de savoir la vérité touchant l'aventure des Calas?. Cette vérité importe au genre humain. »

Ainsi, protecteur habile, il recommandait, à la fois, Mme Calas à d'Alembert, un des arbitres de cette publicité qui, déjà devenant une puissance, formait l'opinion, et à M. de Choiseul, qui pouvait exercer une influence sur le Conseil du roi auquel on allait en appeler de la sentence toulousaine. Il l'adressait aussi à Mariette, avocat au Conseil, le priant de présenter une requête : il prenait à sa charge tous les frais.

Dès les premiers jours, on put compter sur M. de Choiseul. Il n'en était pas de même du secrétaire d'État, le comte de Saint-Florentin : cet homme astucieux et despote, qui, en 1765, regrettait le temps des Dragonnades, avait dirigé ou approuvé la condamnation de Calas. Voltaire lui écrivit au commencement de juillet; puis lui fit écrire par le duc de Villars, par le célèbre médecin Tronchin, et par la duchesse d'Enville, « une dame, disait-il, dont la générosité égale la haute naissance. » Mais tous les efforts devaient être vains : M. de Saint-Florentin n'accorda aucune audience à Mme Calas et resta le protecteur de ceux qui avaient condamné son mari.

Cette résistance ne décourageait pas Voltaire : il faisait attaquer le chancelier de Lamoignon, à la fois par le premier président de Nicolaï et par M. d'Auriac, président au grand Conseil, et le rendait favorable aux Calas; il gagnait aussi à leur cause le duc d'Harcourt et le marquis d'Argence de Dirac; en même temps, il subvenait à l'existence matérielle de Mme Calas; enfin il priait M. d'Argental de voir et d'encourager Lavaysse, alors à Paris, et critiquait l'inaction de Lavaysse père qui n'osait seconder ses efforts. A travers tous les obstacles, son activité, sa fécondité de ressources étaient vraiment merveilleuses.

Cependant quatre mois et demi s'étaient écoulés. Déjà, par ses hautes relations, Voltaire avait acquis aux Calas, à Paris même, bien des protecteurs puissants; mais il rencontrait encore de nombreuses resistances : le comte de

Saint-Florentin n'était pas lè seul qui défendît l'arrêt de Toulouse ; tous ceux qui sont, avant tout, partisans de ce qui gouverne, tous ceux qui s'inclinent devant le fait accompli, même injuste et violent, tous ceux qui pensent qu'un homme condamné, une cause vaincue, ont mérité leur condamnation ou leur défaite, repoussaient Mme Calas et n'admettaient pas que sa cause pût être juste.

Au mois d'août, Voltaire commença la publication des *Pièces originales*, comprenant une *lettre de Mme Calas*, une *lettre de Donat à sa mère*, un *mémoire de Donat* et une *déclaration de Pierre :* ces trois dernières pièces écrites très-certainement par lui-même. Puis, voulant frapper sans relâche l'opinion, il racontait une fois encore, et avec un esprit toujours nouveau, sous le titre d'*Histoire de Jean Calas*, les événements de Toulouse. Il envoyait Mme Calas remettre ces *pièces originales* au chancelier de Lamoignon, et, au même moment, écrivait à M. d'Argental : « Qu'on fasse tinter les oreilles du chancelier ; qu'on ne lui laisse ni repos ni trêve ; qu'on lui crie sans cesse : Calas ! »

Le point le plus important était la rédaction des mémoires des avocats. Voltaire avait adressé Mme Calas à Mariette. Il l'adressa aussi à Élie de Beaumont : cet avocat, un des plus célèbres du temps, à la fois jurisconsulte et littérateur, devait conquérir dans l'affaire des Calas une grande renommée, et la reconnaissance de tous ceux que le fanatisme n'aveuglait pas. Il présenta un mémoire. Mariette en fit un aussi, de son côté. Enfin, Loyseau de Mauléon, qui nous apparaît surtout comme un bel esprit, de cette école demi-judiciaire, à la forme sentimentale qui remplaçait alors la véritable éloquence du barreau, composa également un mémoire en faveur des Calas. Voltaire loua beaucoup Élie de Beaumont ; mais il eut soin de corriger les erreurs que contenait son mémoire. Il écrivait même à Damilaville, ce qui montre toute sa vigilance : « Il est heureux que M. Mariette n'ait pas encore présenté sa requête ; les erreurs où M. de Beaumont peut être tombé seront ainsi rectifiées. » Plus tard, il loua aussi le mémoire de Loyseau. Mais il ne se bornait pas à exciter ceux qui travaillaient à la cause de Calas ; il apaisait aussi les différends qui pouvaient éclater entre eux ; il écrit à Damilaville : « Est-il vrai qu'Élie soit très-courroucé de voir Loyseau dans sa moisson?... Dans une affaire telle que celle des Calas, il est bon que plusieurs voix s'élèvent : il s'agit de venger l'humanité et non de disputer un peu de renommée. »

Cependant la requête de Mariette au Conseil était présentée. Voltaire écrivait sans cesse au rapporteur M. Thiroux de Crosne ; il écrivait aussi à son beau-père M. de La Michodière. Enfin il s'occupait d'agir sur les juges qui auraient à examiner la requête : « Ne faudrait-il pas, disait-il à M. d'Argental, les faire solliciter fort et longtemps, soir et matin, par leurs amis, leurs parents, leurs confesseurs? » M. Thiroux de Crosne fut bientôt favorable aux Calas. L'opinion publique se déclarait, du reste, franchement en leur faveur. C'est ainsi que, par les efforts courageux et persistants de Voltaire, cette famille infortunée voyait enfin approcher le jour où triompherait son innocence.

Le 1er mars, le bureau des Cassations au Conseil juge

la requête admissible. Le 7, le Conseil ordonne au parlement de Toulouse de lui envoyer la procédure entière et les motifs de l'arrêt. Voltaire, à cette nouvelle, est comblé de joie; il est tout entier à l'espérance, non-seulement pour les Calas, mais pour le genre humain lui-même : « Il se fera un jour une grande révolution dans les esprits ; un homme de mon âge ne la verra pas, mais il mourra dans l'espérance que les hommes seront plus éclairés et plus doux. » Néanmoins, il sentait très-bien, avec cet admirable bon sens qui n'était jamais troublé, même par l'émotion la plus vive, qu'il n'avait pas atteint le terme de ses agitations; il prévoyait que la colère serait grande à Toulouse, et que l'envoi des pièces serait entravé. Il ne se trompait pas : les Toulousains prétendaient qu'une Cour souveraine ne pouvait voir ses arrêts cassés par le roi. Il est certain, en effet, que le pouvoir judiciaire doit demeurer indépendant du chef de l'État, et que celui-ci, dans un régime libre, est obligé d'en subir les décisions, comme le plus humble sujet : mais, sous le despotisme, cette indépendance n'a jamais existé. Le parlement de Toulouse fut contraint d'obéir.

La solution de l'affaire Calas devait encore traîner en longueur : c'est seulement le 4 juin 1764 qu'on prononça la cassation. Le Conseil renvoya alors l'affaire aux *Maîtres des Requêtes de l'hôtel au souverain*, tribunal établi pour rendre compte au roi des requêtes dont il se réservait la connaissance. Toute la procédure fut recommencée : un grand nombre de faits démontrant l'innocence des Calas se produisirent alors pour la première fois. On a dit que si les juges de Toulouse les avaient connus, ils auraient jugé autrement. Mais ce n'est pas les disculper. S'ils n'avaient pas eu ces témoignages, c'est qu'ils les avaient repoussés. Suppliés mille fois de les entendre, ils s'y étaient toujours refusés. Ils doivent donc supporter d'une manière complète la responsabilité de la mort de Jean Calas.

Élie de Beaumont et Mariette firent de nouveaux mémoires. Voltaire adressa à Élie de Beaumont des éloges mérités : « Il me paraît impossible que votre mémoire ne porte pas la conviction dans l'esprit des juges... Il ne reste plus aux Toulousains qu'à faire amende honorable, en abolissant leur fête infâme, en jetant au feu les habits des Pénitents, et en établissant un fonds pour la famille Calas. »

L'arrêt qui déchargeait les Calas, Lavaysse et Jeanne Viguier de l'accusation intentée contre eux fut rendu à l'unanimité, le 9 mars 1765, trois ans, jour pour jour, après l'exécution de Jean Calas : « Le dernier acte de la pièce a fini heureusement, écrivait Voltaire à M. de Cideville ; c'est, à mon gré, le plus beau cinquième acte qui soit au théâtre. » Le parlement de Toulouse défendit qu'on affichât dans son ressort l'arrêt des Maîtres des Requêtes : c'est ainsi qu'il osa se refuser à la seule réparation qu'il fût en son pouvoir de donner, et à l'unique moyen qui lui restât de réhabiliter son honneur.

Justice était rendue aux Calas : mais ces procès successifs les avaient ruinés. Voltaire s'alarma de ne pas voir un don royal accompagner l'arrêt des Maîtres des Requêtes ; il s'en plaignait vivement : « Ce n'est pas assez d'être justifié, il faut être dédommagé. » Sollicités par lui, les Maîtres des Requêtes s'adressèrent au vice-chancelier, le priant d'implorer la bonté du roi : Louis XV accorda une gratification de trente-six mille livres. Puis on chercha un moyen qui fournît un prétexte à des souscriptions : Carmontelle fit un dessin représentant la famille Calas à la Conciergerie. Il fut gravé et mis en vente. Voltaire applaudissait de toutes ses forces à cette idée généreuse : et, lorsqu'il rèçut l'estampe, il la suspendit au chevet de son lit.

Mme Calas resta à Paris avec ses filles ; ses fils Pierre et Donat vécurent à Genève. En 1770, elle vit, pour la première fois, Voltaire à Ferney : on devine quelle émotion l'agita devant l'homme à qui elle devait tout. Elle le vit encore, en 1778, quand il vint mourir à Paris. En 1791, lorsque le corps de Voltaire fut porté au Panthéon, Mme Calas et ses enfants étaient dans le cortége, au premier rang, avec la famille de leur bienfaiteur, lui rendant ainsi, après sa mort, un dernier hommage de reconnaissance.

Telle a été cette affaire des Calas. Lorsqu'on étudie avec impartialité la conduite des magistrats toulousains, depuis la mort de Marc-Antoine jusqu'à l'arrêt des Maîtres des Requêtes, la condamnation qu'ils ont prononcée n'apparaît pas seulement comme une erreur judiciaire : sans doute, ils ont cru d'abord, dans leur emportement, les Calas coupables d'un grand crime ; mais ils nous apparaissent bientôt comme des hommes dont la conscience hésite, dont la conviction est ébranlée, et qui, n'osant pas dire que, par légèreté, ils se sont trompés, marchent toujours, malgré le doute qui envahit leur âme, sans s'arrêter, jusqu'à la condamnation ; qui, alors, déjà convaincus de l'innocence de leur victime, luttent pendant deux années pour que cette innocence ne soit pas proclamée. En un mot, ils ont été certainement des fanatiques insensés; mais il est permis de supposer qu'une accusation plus grave peut être portée contre eux. Un maître des requêtes, M. Fargès, le disait hautement. Voltaire l'avait aussi très-bien compris : mais, engagé dans la lutte et pensant qu'une modération extrême était nécessaire pour agir sur l'opinion, il se borna à ne voir dans l'affaire des Calas que ce qu'il était impossible de ne pas y voir, un effet terrible du fanatisme. Il agit peut-être plus utilement pour ses protégés, en ne dénonçant pas la mauvaise foi des juges; en ne présentant les Calas que comme des victimes de l'intolérance religieuse; en faisant ainsi, de leur cause, la cause même de la Tolérance; en écrivant chaque jour, de tous les côtés : « Huit catholiques toulousains ont, de bonne foi, condamné à la roue un père de famille parce qu'il était huguenot; » en composant enfin, à l'occasion de Jean Calas, que l'esprit de fanatisme avait fait mourir, son admirable *Traité sur la Tolérance.*

Dans ce Traité, qui est écrit avec une noble et lumineuse simplicité, et où il sait être, sur presque tous les points, impartial, désintéressé, dégagé des engouements et des rancunes, Voltaire a présenté sur la tolérance des réflexions que nous résumerons plus loin, et qui, après cent ans écoulés, sont aussi justes qu'au jour où il les a publiées.

On lui écrivit du Languedoc que son ouvrage allait irriter le parlement toulousain, que les fanatiques poussaient des cris de fureur et demandaient qu'on le brûlât. Il répondit : « Les juges de Toulouse peuvent faire brûler mon livre; il n'y a rien de plus aisé : on a bien brûlé les

Provinciales qui probablement valaient beaucoup mieux ; chacun peut brûler chez lui les livres et les papiers qui lui déplaisent. »

Les Calas ne devaient pas être les seules victimes de l'esprit de persécution dont Voltaire eût à prendre la défense : au moment même où on les accusait d'un parricide, une autre famille protestante, du même pays, victime du même préjugé, accusée du même crime, était, au nom de la religion, juridiquement immolée. Là, comme pour les Calas, Voltaire lutta contre le fanatisme.

Sirven habitait Castres avec sa femme et ses trois filles. Une d'elles, Élisabeth, qui voulait, disait-on, embrasser le Catholicisme, disparut le 6 mars 1760 ; elle avait été enlevée par les ordres de l'évêque et conduite au couvent des Dames Noires. D'un esprit naturellement troublé, elle y devint bientôt tout à fait aliénée et fut renvoyée le 9 octobre. Ses parents la reprirent. Dans le cours de l'année suivante, ils allèrent s'établir à Saint-Alby, près de Mazamet.

Le 15 novembre, Sirven part pour Castres : en chemin, il s'arrête à Aiguefonde, où il passe la nuit ; le lendemain, comme il allait se remettre en route, il apprend, par un exprès arrivé de Saint-Alby, qu'Élisabeth a disparu. Il revient et trouve sa famille dans le désespoir : à une heure du matin Élisabeth est sortie ; une de ses sœurs s'est mise à sa recherche, sans la retrouver ; alors, elle a éveillé les voisins ; les perquisitions ont duré toute la nuit, mais infructueuses. Sirven, pendant des jours entiers, parcourt tout le pays. Vains efforts ! Enfin, le 3 janvier, des enfants, qui jetaient de la paille enflammée dans le puits du village, aperçoivent au fond un cadavre. Il est retiré : c'est celui d'Élisabeth.

La voix du fanatisme se fait bientôt entendre : le bruit se répand que le protestantisme ordonne aux parents de tuer leurs enfants, s'ils se convertissent à la foi romaine. Cependant, en face de la juste considération dont jouissent les Sirven, de la démence d'Élisabeth, et de la tendresse que ses parents avaient pour elle, il semble que l'on fût contraint de s'arrêter ; mais les esprits sont trop excités. Puisque Toulouse se dispose à rouer Calas le parricide, il faut aussi que Mazamet ait un grand crime à punir : Sirven est là, et précisément, comme Calas, il est protestant ; c'est lui qu'on frappera. Mais les preuves sont absentes ? Croyons-en l'esprit de fanatisme : il saura les trouver.

Dès le 19 janvier, un décret de prise de corps était rendu contre Sirven et sa famille.

Sirven, alors à Mazamet, voit tout à coup arriver sa femme et ses deux filles : la maréchaussée s'avance pour les saisir ; il faut fuir. Il s'y refuse d'abord, fort de son innocence, et veut se livrer aux mains de la justice. Mais ses amis, justement effrayés, l'en détournent : la malveillance est trop grande, le danger trop imminent. Ils partent donc et se dirigent vers la Suisse. Qui racontera cette marche lamentable ? Ces infortunés fuyant, en hiver, à travers les montagnes couvertes de neiges ; protégés à peine par quelques vêtements contre le froid rigoureux ; souffrant de la faim ; tombant de faiblesse ; contraints de s'écarter des villes, de se séparer, souvent de ne marcher que la nuit ; passant des jours entiers sans rencontrer un asile ; à toute heure et au moindre bruit, tremblant d'être découverts et dénoncés ; privés même de la consolation de supporter en commun leur malheur : est-il un plus douloureux spectacle ? Que ceux-là l'aient toujours présent à l'esprit, qui seraient tentés d'excuser les fureurs du fanatisme !

Cependant, dès le lendemain du départ des Sirven, un monitoire était lancé contre eux, indiquant aux témoins la marche à suivre, les dénonciations à faire, désignant les prétendus coupables; puis, le 3 février, dans un second monitoire, plus précis, le crime est affirmé et détaillé. Mais aucune preuve n'apparaissait : on n'avait encore, comme dépositions à charge, que celles de six Dames Noires. Tout prouvait, au contraire, l'innocence des Sirven : d'abord la démence d'Élisabeth était notoire ; puis on savait que sa famille avait pour elle une affection particulière ; on savait aussi que Sirven, dans la nuit du 15 au 16 novembre, était absent et ne pouvait avoir tué sa fille à Saint-Alby : était-il, du moins, capable de s'être éloigné, tandis qu'il aurait armé contre elle des mains étrangères ? Mais, quand on connaissait sa vie passée, vertueuse et pure, comment admettre une pareille atrocité ! D'ailleurs, le jour de la disparition d'Élisabeth, aucun étranger n'avait paru à Saint-Alby ou dans les environs. Il aurait donc fallu que trois femmes, — une mère et deux sœurs ! — eussent commis ce crime épouvantable, et dans le silence le plus complet, puisque personne n'avait rien entendu. Puis, quelle apparence qu'on eût choisi, pour cet assassinat, le centre du village ! N'était-il pas plus simple d'amener

Élisabeth sans défiance sur les bords du torrent qui coulait au bas de la montagne et de l'y précipiter? Tout démontrait donc le suicide et repoussait l'assassinat. Quant aux experts chargés d'examiner le cadavre, ils ne se prononçaient ni dans un sens, ni dans l'autre : le tribunal de Mazamet leur renvoya leur rapport, en les invitant à le rendre *concluant*. Ils se soumirent avec docilité et ajoutèrent qu'Élisabeth avait été *étouffée et jetée morte dans le puits*. On ne leur en demandait pas davantage. Ce rapport est d'ailleurs un monument curieux à examiner : rarement plus d'erreurs ont été amoncelées ; tous les médecins l'ont qualifié : « Une œuvre déplorable de légèreté et d'ignorance. » Bien plus : un des deux experts a avoué lui-même, plus tard, qu'il avait sciemment avancé le faux pour le vrai.

Le 29 mars 1764, les Sirven furent déclarés coupables de parricide : le père et la mère condamnés à la potence, les deux filles au bannissement, tous les biens confisqués. Le parlement de Toulouse confirma cette sentence le 5 mai, et autorisa l'exécution *par effigie* des condamnés. Elle eut lieu à Mazamet le 11 septembre. Un tableau, qui représentait les Sirven souffrant le supplice porté par la sentence, était suspendu à une croix dressée au milieu de la place publique : autour de ce tableau étaient écrits les noms des condamnés et l'arrêt qui les frappait.

Cependant les fugitifs avaient gagné la Suisse. Ils furent présentés à Voltaire par un pasteur genevois. Voltaire s'occupait alors de la cause des Calas : il résolut pourtant, dès que l'innocence des Sirven fut évidente à ses yeux, de les soutenir ardemment ; perdre une seule occasion de rendre le fanatisme exécrable lui paraissait un crime.

Il avait supporté de grandes fatigues dans l'affaire des Calas; de plus grandes encore l'attendaient dans celle des Sirven : le public se lasse, en effet, d'être généreux, et, les Calas s'étant emparés de toute sa pitié, les Sirven allaient le trouver indifférent. Ils n'auraient pu, venant ainsi les derniers, faire quelque bruit dans le monde qu'à la condition d'avoir deux ou trois roués dans leur famille, et, ici, personne n'avait été roué. D'ailleurs, ayant fui dès le premier jour, ils étaient peu instruits des procédures faites à Mazamet et à Toulouse. Aucun d'eux enfin n'avait la vigueur d'intelligence et la fermeté de caractère admirées chez Mme Calas. Devant ces difficultés, Voltaire n'hésita pas : l'amour de l'humanité, l'horreur du fanatisme devaient le soutenir jusqu'à la fin.

Cependant, et c'est ici que toute son habileté nous apparaît, cet homme qui, pendant neuf années, avec une ardeur toujours croissante, luttera pour les Sirven, modère prudemment cette ardeur, tant qu'il pourrait, en divisant l'attention du public, compromettre le succès des Calas. Ceux-ci triomphent enfin (9 mars 1765) : il est alors tout entier à ses nouveaux protégés.

Deux voies s'offraient aux Sirven : ou rentrer dans leur patrie et se faire de nouveau juger par leurs juges, ou demander une évocation au Conseil du roi. Si les magistrats à la discrétion desquels il fallait se remettre n'avaient pas été des juges de Toulouse, Voltaire lui-même aurait détourné les Sirven d'une évocation : mais il était à craindre que le parlement toulousain, pour se venger de l'affront que les Calas lui avaient fait subir, ne se hâtât de pendre, de rouer et de brûler les Sirven. Il fallait donc, quoiqu'on ne pût guère espérer que le Conseil arrachât deux fois au même parlement une cause qui était de sa juridiction, les Sirven après les Calas, s'arrêter à ce dernier parti.

Déjà Voltaire a écrit à Élie de Beaumont et l'a chargé de composer un mémoire pour les Sirven. Bientôt il lui envoie tous les renseignements qu'il a pu obtenir à Castres et à Mazamet, puis une sorte de *relation* écrite par Sirven sur les événements de Saint-Alby. Il excite d'ailleurs sans cesse M. de Beaumont : il lui adresse les éloges les plus flatteurs; il le fait presser à Paris par d'Argental et Damilaville, à qui il a communiqué toute son énergie et que nous retrouvons, dans cette affaire plus encore que dans la précédente, les fidèles auxiliaires de Voltaire; il lui présente l'affaire Sirven comme la source de la plus éclatante renommée.

Cependant Élie de Beaumont se met à l'œuvre. Bientôt le mémoire est dessiné dans ses traits principaux. Il envoie cette esquisse à Voltaire qui exprime son admiration : « Ce mémoire était plus difficile à faire que celui des Calas; le sujet était moins tragique, les détails moins intéressants... Vos mémoires sur les Calas sont de beaux monuments d'éloquence; celui-ci est un effort du génie. » Attentif à tous les détails, il lui recommande de le faire signer, dès qu'il sera achevé, par un grand nombre d'avocats. Comme dans l'affaire Calas, il prend tous les honoraires à sa charge : « Je n'épargnerai ni dépenses, ni soins, pour vous seconder daus les combats que vous livrez en faveur de l'innocence. »

En même temps, aux sollicitations de Voltaire, des dons arrivent de toutes parts. Les Protestants de France, la République de Berne, le Margrave de Baden, la Princesse de Nassau, presque tous les Princes allemands, envoient des secours aux malheureux exilés. Frédéric le Grand leur adresse cinq cents livres et leur fait offrir un asile dans ses États. « Je vous avoue, écrit Catherine II à Voltaire, en envoyant, elle aussi, son présent, que j'aimerais mieux qu'on ignorât ma lettre de change ; si cependant vous pensez que mon nom fasse quelque bien à ces victimes de l'esprit de persécution, je me remets à votre prévoyance. » Christian VII de Danemark envoie, de son côté, une offrande. Voltaire s'adresse enfin au roi de Pologne, Stanislas Poniatowsky, ou plutôt à Mme Geoffrin, une des femmes célèbres de l'époque, dont il fréquentait beaucoup le salon au temps de sa jeunesse, et qui, cette même année 1766, était allée visiter le roi de Pologne qu'elle avait connu tout jeune homme à Paris. Voltaire lui écrivit « comme à une puissance. » Elle transmit sa demande au roi. Stanislas, touché du sort des Sirven, remit deux cents ducats à Mme Geoffrin, qui les envoya à Ferney : « J'ai cru voir, lui dit-il, dans la lettre que Voltaire vous écrit, la Raison qui s'adresse à l'Amitié en faveur de la Justice. »

Cependant, le mémoire que M. de Beaumont avait esquissé ne s'achevait pas. Quelle raison détournait donc des Sirven l'illustre avocat? Le soin de ses propres intérêts : il avait un procès et il était tout entier à cette affaire personnelle. Voltaire, qui attendait le mémoire, ne soupçonna pas d'abord la vérité : il crut que M. de Beaumont se lassait et lui prodigua de nouveau encouragements, éloges, prières. Ainsi sollicité, M. de Beaumont se décida, non sans quelque témérité, à écrire à Voltaire que le mémoire était achevé; il osa même ajouter que plusieurs avocats l'avaient signé et qu'on l'imprimait. Voltaire est au comble de la joie. Il voit déjà le mémoire présenté au Conseil, la nouvelle attribution de juges obtenue, les Sirven réhabilités. Sur-le-champ, il lance dans le public un petit écrit qu'il a composé sur les Calas et les Sirven et qui contient certains traits assez vifs contre la superstition et l'intolérance, l'*Avis au public* : ce sera le complément naturel du mémoire.

Tout à coup, il apprend que la première ligne de ce mémoire n'est pas encore écrite, et que M. de Beaumont, en le disant achevé, « a pris le futur pour le passé. » On devine sa colère : il a, depuis un an, annoncé à l'Europe le mémoire pour les Sirven ; en ne voyant rien paraître, on doutera de la réalité des faits qu'il a allégués. Voilà donc compromise cette cause qu'il croyait gagnée. Mais telle est sa puissance sur lui-même, qu'il saura dissimuler les sentiments qui l'agitent. Charger de la rédaction du mémoire un autre avocat, qui, ne connaissant rien de l'affaire, aura d'abord à l'étudier, c'est, en effet, se condamner à de nouveaux retards plus longs que tous les retards passés; malgré la négligence de M. de Beaumont, rien encore ne peut donc être plus défavorable aux Sirven qu'une rupture avec lui : Voltaire le comprend, et ne laisse rien paraître de sa colère : il recommence, au contraire, après quelques reproches plus flatteurs que sévères, à lui répéter qu'il est le vengeur de l'innocence opprimée, à lui recommander sans cesse l'affaire Sirven comme celle qui doit mettre le comble à sa célébrité. Il atteignit son but : il réchauffa le zèle de M. de Beaumont. Ce travail, si longtemps attendu, fut enfin terminé.

M. de Beaumont l'envoya à Voltaire. Cruel désappointement : le mémoire, rédigé à la hâte, ne réalisait pas les espérances que son esquisse permettait de concevoir. Quel qu'il fût, il fallait s'en contenter : on n'avait pas le temps d'en composer un nouveau. Restait à le faire signer par les avocats. Mais ici se présentait un obstacle : l'*Avis au public*, ce petit écrit qui avait dû, dans la pensée de Voltaire, paraître en même temps que le mémoire, et qu'il a publié trop tôt, croyant sur une fausse indication de M. de Beaumont que le mémoire *déjà signé* était à l'impression, a singulièrement choqué les avocats de Paris. En apprenant plus tard que le mémoire n'était pas encore signé, Voltaire, qui avait voulu sans doute lancer un écrit hardi, mais qui tenait, car son audace est toujours doublée de diplomatie, à ne le publier qu'au moment opportun, a fait tous ses efforts pour empêcher l'*Avis au public* de se répandre et pour en atténuer les hardiesses irritantes. Efforts infructueux! Beaucoup d'avocats eurent ainsi un prétexte pour ne pas signer, lorsqu'il fut achevé, le mémoire d'Élie de Beaumont.

Il fallait aussi s'occuper d'un rapporteur au Conseil. Voltaire s'adressa à la duchesse d'Enville pour qu'elle priât le vice-chancelier de choisir M. Chardon, qui était favorable aux Sirven. Il écrivit aussi, dans le même but, à M. de Choiseul. M. Chardon fut, en effet, nommé rapporteur (novembre 1766). Voltaire lui écrivait sans cesse, comme autrefois, pour les Calas, à M. Thiroux de Crosne :

« Si je vous importune, lui disait-il, prenez-vous, en à la réputation que vous avez d'être le juge le plus intègre et le rapporteur le plus éloquent. » Plus tard, quand il a reçu le mémoire d'Élie de Beaumont, qu'il trouve médiocre : « Je me console puisque c'est vous qui rapportez l'affaire. L'éloquence du rapporteur fait plus d'effet que celle de l'avocat. »

Cependant l'affaire marchait : Élie de Beaumont s'était adjoint M. Cassen; Voltaire, qui se rappelait les bons offices de Mariette dans l'affaire Calas, aurait voulu qu'il eût aussi sa part dans celle des Sirven, mais Élie de Beaumont tenait à M. Cassen : « J'étais fort content de Mariette, écrit Voltaire à Damilaville;... mais il faut laisser faire M. de Beaumont et ne pas le décourager. » Toute l'adresse de Voltaire est là : ne jamais indisposer, même par une résistance légère, ceux dont le concours est nécessaire à sa cause. Plus tard, d'ailleurs, toujours prêt à reconnaître ses erreurs, il changea d'avis quand il connut mieux l'auxiliaire de M. de Beaumont : « M. Cassen, dit-il, pense sagement et écrit avec noblesse. » A côté de ces deux avocats, Target fit un mémoire en faveur des filles de Sirven.

M. Chardon pressait son rapport et l'eut bientôt achevé : la cause des Sirven allait être examinée par le Conseil du roi.

L'activité et la présence d'esprit de Voltaire croissent encore dans ces derniers moments : d'un côté, il écrit à M. de Beaumont : « Ne m'envoyez pas votre factum; ce serait perdre un temps précieux; » de l'autre, il excite encore l'ardeur de M. Chardon ; enfin, il fait agir de hautes influences sur les membres du Conseil, qui paraissent bientôt favorables à ses protégés. Cette fois, enfin, une déception est impossible; il est sûr du succès; quelques jours encore et il va jouir de son triomphe : « Il n'est plus douteux, écrit-il, que cette famille ne soit rétablie dans son honneur et dans ses biens, et que l'arrêt qui la condamne ne soit cassé comme celui des Calas. » Une semaine plus tard, le Conseil repoussait la demande des Sirven (janvier 1768).

Ainsi, Voltaire combat depuis quatre ans, toujours avec la même adresse, le même esprit, le même feu. Souvent déjà la victoire a fui au moment même où il croyait la saisir; il ne s'est cependant jamais découragé et l'âge n'a pas éteint sa flamme ou diminué son ardeur. Enfin, le Conseil du roi vient d'anéantir, en un instant, le résultat des efforts de quatre années; tout est à recommencer : Voltaire recommencera.

Un mois ne s'est pas écoulé qu'il songe à faire présenter Sirven devant les juges qui l'ont condamné. Mais, l'envoyer dans un pays agité par les passions religieuses, où l'amour-propre national a été humilié par la réhabilitation des Calas, c'est le faire courir à sa perte! Il faudrait d'abord étudier le terrain à Toulouse. Voltaire s'adresse à l'abbé Audra : « Il s'agit de savoir si Sirven pourrait se présenter à Toulouse avec sûreté; pouvez-vous me nommer un conseiller à qui je l'adresserai? » au marquis de Bélestat de Garduch : « Si je pouvais compter sur quelques conseillers, je suis sûr que la famille Sirven serait réhabilitée; voyez si vous connaissez quelque magistrat. » Il écrit aussi à Saint-Lambert et le prie d'engager le prince de Beauvau à solliciter pour les Sirven. A chacun d'eux il dit que tout dépend de ses seuls efforts et que l'honneur du succès lui reviendra. On lui répondit qu'il s'était fait un tel progrès dans les idées, que la justification des Sirven apparaissait à tout le monde comme probable : « Vous ne sauriez croire combien augmente à Toulouse le zèle des gens de bien, et leur amour et leur respect pour vous... Une partie du Parlement vous est entièrement dévouée. » Ces nouvelles, qui n'enorgueillissaient pas Voltaire, car il se préoccupait moins de la gloire de son nom que de la cause qu'il soutenait, l'encouragèrent beaucoup. Il se résolut à faire partir Sirven pour le Languedoc.

Celui-ci se rend à Mazamet et se constitue prisonnier. Voltaire, qui de loin veille sur lui, s'en inquiète. Il lui semble que Sirven pouvait ne pas se hâter autant de rentrer en prison. Mais il se rassure bientôt. Sirven a demandé à être interrogé par les juges de Mazamet : on le confronte avec les témoins entendus sept ans auparavant; il démontre son innocence. Cette démonstration, il aurait pu la faire, sans doute, et aussi éclatante, quand il prit la fuite avec sa famille au mois de février 1762; mais elle n'eût convaincu personne : c'est que, alors, il n'avait autour de lui que préventions, colères, haines aveugles; aujourd'hui, toutes ces passions s'étaient affaiblies et la vérité apparaissait. La sentence du 16 novembre 1769 mit Sirven hors d'instance. Ce n'était pas assez : la mise hors d'instance ne déclarait pas l'accusé coupable, mais elle ne le proclamait pas innocent. Sirven interjeta appel devant le parlement de Toulouse.

La vigilance de Voltaire, dirigeant de Ferney les événements qui s'accomplissent à Toulouse, semble augmenter encore à la veille du triomphe : il envoie à Sirven une somme considérable pour qu'il puisse subvenir aux frais du procès ; il fait solliciter les conseillers ; il écrit à l'avocat Lacroix et le supplie d'apporter tout son zèle à cette cause ; il recommande à Sirven de ne pas gêner, par des démarches intempestives, l'action de l'avocat ; quand il a reçu le mémoire de Lacroix, il le comble d'éloges ; il fait sans cesse à Sirven de nouvelles offres d'argent ; enfin, il veille à tout, s'occupe de tout, dirige tout. Il avait alors soixante-dix-sept ans, et, en six années, il avait écrit deux mille lettres pour les Sirven.

Il fallut encore attendre. Enfin, le 25 novembre 1771, le parlement réforme la sentence de 1764 : les Sirven sont absous ; les biens confisqués sont restitués ; le tribunal de Mazamet est, en outre, condamné aux dépens envers les accusés. La réhabilitation était complète : pour les Sirven comme pour les Calas, Voltaire avait rempli sa tâche. Près de dix années s'étaient écoulées depuis la fuite de ces infortunés : « Il n'a fallu, écrivait-il, que deux heures pour condamner cette famille, et il a fallu neuf ans pour lui faire rendre justice. »

Ces procès des Calas et des Sirven, où Voltaire avait vu ses efforts couronnés de succès, lui valurent des applaudissements universels. Plus d'une fois il reçut l'expression de la vive reconnaissance des Protestants ; il l'avait bien méritée. Le zèle ardent qu'il déploya dans ces circonstances ne lui laissait, en effet, aucun repos et son âme était tout entière dans le procès ; il avait l'habitude de dire que, si le moindre sourire lui échappait tant que la victoire n'était pas remportée, il se le reprochait comme un crime. C'est par ces actes admirables de dévouement que sa mémoire se conservera dans le cœur de tous les honnêtes gens. Lui-même aimait à considérer cette réhabilitation des Calas et des Sirven comme un de ses plus beaux titres de gloire. Quelques semaines avant sa mort, comme il passait sur le Pont-Royal, un étranger demanda quel était cet homme que la foule suivait si nombreuse et si empressée : « Ne savez-vous pas, répondit une femme du peuple, que c'est le sauveur des Calas et des Sirven ? » Cette simple phrase toucha plus Voltaire que tous les témoignages d'adoration qui lui étaient prodigués.

Lorsqu'on suit pas à pas Voltaire dans les deux affaires célèbres que nous venons de raconter, on trouve au premier rang, parmi les qualités si diverses qu'il a déployées, l'audace, la prudence et surtout la patience : l'audace, qui est la première condition du succès; la prudence, qui dirige et couvre l'audace et par laquelle on sait se contenir tout en paraissant ne rien ménager; la patience enfin, qui éloigne les défaillances et les découragements et nous rend inébranlables au milieu des épreuves. Ces trois qualités *maîtresses*, Voltaire les a possédées à un degré suprême et jamais elles n'ont brillé chez lui d'un plus vif éclat que dans les longs procès des Calas et des Sirven. L'histoire de ces infortunés nous présente donc un des exemples les plus saisissants de ce que peut la volonté de l'homme, de l'homme à la fois courageux, calme et opiniâtre, aux prises avec les difficultés les plus formidables de la vie.

Mais ce n'est pas le seul côté par lequel ces drames

mémorables puissent exciter notre intérêt. Les noms des Calas et des Sirven resteront, en effet, toujours célèbres parmi ceux des victimes de l'intolérance religieuse. On peut même dire que, pour Voltaire, ces deux causes se sont confondues en une seule, plus générale, plus élevée, la cause de la Tolérance. La Tolérance, voilà la véritable cliente de Voltaire. Pour elle, il a combattu toute sa vie, et il n'est peut-être pas un seul de ses ouvrages où, avec une adresse toujours merveilleuse, il n'ait essayé d'en plaider la cause. Ses tragédies, ses poésies légères, ses romans, ses contes, sa correspondance, tout nous le montre en guerre avec le fanatisme : longue lutte dont les procès de Sirven et de Calas n'ont été que des épisodes. Ses réflexions sur ce sujet important, encore si mal compris de la plupart des hommes, ont été résumées par lui, en quelques pages éloquentes, dans son *Traité de la Tolérance*, composé, nous l'avons vu, à l'occasion de Calas, et touchant ainsi d'une manière étroite à l'objet même de cette étude.

L'ouvrage débute par le récit du procès et de la mort de Calas. Puis Voltaire, jetant les yeux sur l'histoire de l'humanité, essaye de prouver que les anciens peuples civilisés étaient tolérants et que ce sont les Chrétiens qui, les premiers, ont proscrit la liberté de penser. Dans ces considérations, nous devons le reconnaître, il a montré une indulgence singulière à l'égard de l'antiquité, qui a connu, comme nous, les persécutions; mais ce qu'il dit des Chrétiens est rigoureusement vrai, car ils n'ont cessé de répandre le sang pour des questions religieuses. Destruction des Vaudois, massacres de Vassy, de Toulouse et de la Saint-

Barthélemy ; meurtres de Michel Servet, de de Witt, de Barneveldt; exécution d'Anne Dubourg; assassinat de Henri III; Dragonnades des Cévennes, et mille autres événements où nous avons été persécuteurs, bourreaux, assassins : voilà ce que nous offre l'histoire, sans remonter au delà du XVIe siècle, sans même compter ces guerres et ces batailles sanglantes entreprises et livrées pour la religion. Quel spectacle! Ne suffit-il pas pour éloigner de l'intolérance? Et, en supposant que la douceur, l'indulgence, la liberté de penser, soient, comme on a essayé de le soutenir, des choses dangereuses, peut-on admettre qu'elles eussent produit, si le monde les avait pratiquées, des calamités aussi grandes?

S'élevant ensuite à des considérations philosophiques, Voltaire établit que la tolérance est de droit naturel, puisque le grand principe du droit naturel est, par toute la terre : «Ne fais pas à autrui ce que tu ne voudrais pas qu'on te fît à toi-même; » principe qui d'ailleurs a été proclamé par le fondateur du Christianisme, de telle sorte que l'esprit d'intolérance ne peut pas même s'appuyer sur les préceptes de la religion pour laquelle il a versé tant de sang.

Qu'il soit donc permis à tous les hommes de suivre les opinions qui leur paraissent les plus justes. Qui peut d'ailleurs, en pareille matière, être certain de posséder toute la vérité? Les religions sont questions de foi plus que de raisonnement rigoureux. Sans nier que, parmi les formes religieuses, il en existe une supérieure aux autres, il faut reconnaître que chaque homme, quelle que soit sa religion, croit professer la meilleure, et a, pour juger ainsi, des raisons qui lui paraissent évidemment victorieuses. Dès lors, ne serait-il pas absurde que chacun de nous, par ce motif qu'il se croit fermement en possession de la vérité, eût en haine les autres et voulût les forcer de se ranger à son avis, alors qu'ils pensent, comme lui, être au sein de la vraie religion? Tel est cependant l'esprit d'intolérance. Remarquons, du reste, qu'il n'est aucun point sur lequel les hommes s'accordent tous, et que, par conséquent, c'est le comble de la folie d'espérer, par la force ou même par la persuasion, les amener tous à penser d'une manière uniforme sur la religion. Laissons, au contraire, se développer toutes les doctrines; et, pourvu qu'elles ne troublent pas l'ordre public, gardons-nous de les proscrire sous ce prétexte qu'elles sont opposées au culte établi, car le jour où ceux qui les professent deviendraient la majorité, nous serions obligés de trouver naturel qu'ils nous proscrivent à leur tour. Vivons en paix : nous n'avons pas un cœur pour nous haïr et des bras pour nous combattre. Que toutes les nuances qui distinguent les hommes entre eux, religions, mœurs, lois, langages, « ne leur fassent pas oublier qu'ils sont des hommes et ne deviennent pas des causes de persécution. »

Ces idées, développées par Voltaire dans son *Traité de la Tolérance*, sont d'une admirable justesse. Mais, faire le tableau des fureurs du fanatisme et enseigner la tolérance par sa parole ou ses écrits, ce n'était pas assez : il fallait encore trouver un moyen, en quelque sorte pratique et d'une application facile, d'éloigner les hommes du fanatisme. Voici quelle fut la tactique de Voltaire. Elle reposait tout entière sur cette idée : si les hommes se sont persécutés, ce n'est pas pour se contraindre mutuellement d'admettre l'existence de Dieu, la distinction du bien et du mal, la liberté, la vie future, toutes ces vérités qui sont comme le fond éternel de la conscience humaine, mais « le péché originel, la trinité, la grâce, » et, d'une manière générale, tous les dogmes subtils qu'a enfantés la métaphysique ; par conséquent, s'ils rejetaient ces dogmes, ou, du moins, ne leur accordaient aucune attention, les persécutions disparaîtraient. Dès lors, Voltaire a pris son parti : tandis qu'il proclame hautement toutes les vérités qui n'ont amené aucune lutte entre les hommes, il travaille à ridiculiser les dogmes, pour lesquels on s'est persécuté, espérant que, devenus ridicules, ils seront délaissés et cesseront d'être une cause de combat. A-t-il eu une vue juste de ces graves questions ? Son admirable sagacité lui a-t-elle fait entrevoir la marche générale des choses humaines ? Il faut le reconnaître : au degré de développement moral que n'a pas dépassé l'humanité, il est peut-être difficile *pour le plus grand nombre des hommes* d'être à la fois très-tolérants et très-religieux ; une certaine indifférence est encore comme la condition préalable de la tolérance. Dans l'histoire de l'humanité, nous trouvons, en effet, trois périodes : une première, où les hommes sont religieux, mais sans intelligence, d'une manière étroite, et par suite intolérants ; une seconde, dans laquelle les croyances religieuses s'affaiblissent, et qui voit naître la tolérance ; une dernière, où ils redeviennent religieux, mais d'une religion plus éclairée, conciliable avec la tolérance, et dans laquelle, tout en étant très attachés à une opinion religieuse, les hommes comprennent qu'une opinion différente puisse exister. Jusqu'au siècle dernier, les persécutions en font foi, la société chrétienne a traversé la première période; à cette époque, elle est entrée dans la seconde; la majorité des hommes n'a pas encore abordé la troisième. Voltaire, au sein d'une société qui n'était pas assez développée pour atteindre, du premier effort, l'union de ces deux choses, un grand zèle religieux et une tolérance complète, a dû, pour faire triompher la tolérance, passer par l'indifférence. Mais lui-même comprenait qu'il obéissait à une nécessité de son temps : s'il vivait parmi nous, il se proposerait un autre but et emploierait d'autres armes.

A un autre point de vue encore, les procès de Calas et de Sirven sont dignes de toute notre attention : ils nous montrent Voltaire en correspondance avec les puissants de l'époque et trouvant dans ces relations considérables une facilité plus grande pour accomplir son œuvre. On a reproché à Voltaire ses faiblesses et ses flatteries pour les grands. Soyons plus juste : s'il les a souvent adulés, ce n'est pas acte de courtisan, c'est ruse de guerre. Voltaire, en effet, étudiant les progrès qui se sont accomplis dans le monde, avait vu que le petit nombre gouverne le grand et que souvent un seul homme dirige toute une nation. Il avait aussi remarqué que les puissants protégent dans l'occasion et qu'un écrivain, dont les œuvres hardies seraient, dès le premier jour, s'il ne s'abrite sous aucune protection, arrêtées par un pouvoir inquiet, peut trouver dans la faveur de ces personnages un moyen de répandre plus librement ses idées. Dès lors, Voltaire a organisé son plan : par l'influence des grands, obtenir « quelque liberté » de publication et faire ainsi passer adroitement bien des hardiesses; par ces hardiesses, soulever la foule et surtout ceux qui la conduisent, ministres et rois, que, comme écrivain, il a déjà su charmer; les rallier, sans qu'ils pensent suivre son impulsion, au parti philosophique; faire appliquer par eux ses propres idées en leur laissant supposer qu'ils appliquent les leurs. Voilà le plan : mais, pour l'exécuter, que de difficultés à vaincre! Il fallait d'abord une grande situation dans le monde, qui permît d'exercer une large hospitalité et d'entretenir des relations étendues; en un mot, il fallait être riche : c'était le seul moyen de gagner les puissants. Voltaire l'avait compris dès l'âge de vingt ans, et il avait travaillé à acquérir la richesse, non pour la richesse elle-même, qui n'était à ses yeux qu'un moyen et non un but, mais pour la liberté et l'importance qu'elle donne. Puis, il pensa qu'un titre lui serait utile, pour se défendre envers les commis et les hommes d'affaires d'une foule de petites vexations : c'était chez lui question d'utilité et non d'ostentation, d'influence et non de vanité. Il chercha donc à obtenir, non un titre de noblesse, mais le titre de gentilhomme de la chambre du roi. La richesse, un titre, voilà de premiers éléments d'action ; mais cela ne suffit pas : pour captiver les grands, pour leur faire accepter ses opinions les plus hardies, pour les diriger avec tellement d'habileté qu'ils ne croient point obéir à une main étrangère, il faut encore à Voltaire toute espèce de séductions. Savoir, dans chaque homme, découvrir la passion dirigeante et la flatter ; laisser de côté sa malice naturelle, son goût excellent, et louer bien des sots ; exagérer l'éloge et le donner en même temps avec une certaine délicatesse qui n'en laisse pas apparaître l'énormité ; accorder souvent beaucoup pour avoir peu aujourd'hui, mais afin d'obtenir plus demain ; quelquefois « ne point voir et ne pas entendre, ou du moins le paraître, » ne pas regarder de trop près « à certaines personnes et à certaines choses, » au besoin être pris pour dupe ; parfois aussi, par un retour soudain, montrer toute sa puissance, et, par quelques épigrammes mordantes, rendre plus précieux ses éloges et ses flatteries : tout cela était nécessaire. Voltaire ne faillit point à la tâche ; et c'est ainsi que nous le voyons en relations perpétuelles et souvent dans une grande intimité avec les personnages considérables du temps : combien ont cru, prenant ses flatteries au sérieux, l'honorer de leur protection, qui n'étaient, pour lui, que des instruments employés au triomphe de ses idées ! Voilà ce qu'il a fait : personne ne fut moins que lui un véritable courtisan ; il était né indépendant de caractère et il l'est resté toute sa vie ; seulement il voulait diriger son époque et il eut recours aux moyens qu'il fallait employer pour atteindre ce but. Telle est la vérité.

Est-ce à dire qu'on doive louer Voltaire de toutes les adulations qu'il a prodiguées ? Non : mais il faut reconnaître que, tout en faisant de nombreuses concessions à la faveur des salons et des cours, il ne lui a jamais sacrifié « les bonnes et grandes opinions ; » il faut surtout reconnaître que, grâce à cette souplesse dont on lui fait si souvent un crime, il a popularisé les principes de la civilisation moderne. Pour ne pas sortir des limites de notre travail, nous dirons : Si Voltaire n'avait pas gagné la plupart des souverains de l'Europe à la cause de ses protégés ; s'il ne s'était pas concilié la faveur de M. de Choiseul et du chancelier de Lamoignon ; s'il n'avait pas, par des éloges adroitement distribués, rendu les rapporteurs favorables, et su, par des flatteries habiles, intéresser à ses efforts une partie de la grande société de l'époque ; s'il n'avait pas dissimulé la colère qu'excitaient en lui la négligence et la sottise de ses auxiliaires ; si, en un mot, il n'avait employé toutes sortes d'expédients, de ruses, d'artifices, les noms des Calas et des Sirven seraient restés flétris.

Le zèle qu'a déployé Voltaire pour ces victimes célèbres de la barbarie du temps, nous le retrouvons aussi ardent, aussi infatigable, dans d'autres procès, où, pour n'avoir pas toujours vu ses efforts couronnés d'un succès éclatant, il n'en mérite pas moins, comme dans les affaires de Calas et de Sirven, toute la reconnaissance de la postérité.

C'est au moment même où il travaillait à la réhabilitation de Sirven qu'il défendit La Barre, Lally-Tollendal, Montbailly ; et ce n'a pas été un spectacle digne de peu d'intérêt que celui de cet homme s'occupant à la fois de procès si divers, et, avec l'activité merveilleuse que nous avons admirée, les menant tous de front, sans que le soin donné à chacun d'eux diminuât l'attention qu'il accordait aux autres.

L'exécution du chevalier de La Barre eut lieu à Abbeville. Ici encore la cause de la catastrophe c'était la Religion. Une différence profonde sépare toutefois cette affaire des deux précédentes : Calas et Sirven ont été frappés pour des crimes, sans doute imaginaires, mais qui auraient mérité la peine la plus sévère, *s'ils avaient été réellement commis*, car ils étaient de ceux que la loi doit punir ; La Barre, au contraire, a expié par la main de l'État une offense à la Religion, offense qui n'avait rien de public, qui n'était qu'un *péché*, et que la loi n'avait pas le droit de frapper. Là, des innocents ont péri victimes du fanatisme qui animait la foule et les magistrats ; ici, c'est un infortuné sacrifié de sang-froid au principe si funeste de la confusion de l'Église et de l'État.

En 1765, dans Abbeville, trois jeunes gens, le chevavalier de La Barre, d'Étallonde et Moinel, passèrent, sans ôter leur chapeau, à trente pas d'une procession de Capucins. Quelques jours plus tard, une croix de bois, posée sur le pont de la ville, fut endommagée. Un sieur Duval de Saucourt, à qui le chevalier de La Barre avait naguère parlé avec hauteur et qui voulait s'en venger, confondit adroitement ces deux aventures qui n'avaient aucune connexité et essaya de les mettre l'une et l'autre à la charge de La Barre et de ses amis. Il chercha des dénonciateurs, et, comme il arrive toujours, en découvrit ; puis il alla chez le premier juge de la sénéchaussée d'Abbeville et le contraignit d'entendre ceux qu'il amenait. La procédure une fois commencée, on lança des monitoires qui, poussant, sous peine de damnation éternelle, à l'accusation, troublaient les consciences : chacun se hâta de répéter ce qu'il avait entendu, ou cru entendre dire, et les délations se multiplièrent.

Cependant, il ne résulta pas d'une seule déposition que les accusés eussent la moindre part à la mutilation du crucifix. Il parut certain, au contraire, qu'ils ne s'étaient pas découverts devant les Capucins : d'ailleurs, ils ne le niaient pas. De plus, en recherchant toutes les actions de leur vie, des paroles échappées longtemps auparavant, des conversations secrètes, on arriva à établir qu'ils avaient chanté des couplets irrévérencieux pour la Vierge et les Saints : dans une réunion intime, il est vrai, de sorte qu'aucun scandale n'en était résulté. Enfin, il fut déclaré par un témoin que La Barre et d'Étallonde avaient agité devant lui des questions religieuses, et dit, faisant allusion à l'Eucharistie, qu'on ne devrait pas *adorer un Dieu de pâte*. Le jeune Moinel, enfant de quatorze ans, interrogé sur ce qu'avaient dit ou fait La Barre et d'Étallonde, répondit d'abord qu'il ne savait rien; puis, intimidé par les juges, il avoua que, chez eux, dans des entretiens particuliers, ses deux amis avaient discuté sur la religion.

On les condamna à mort l'un et l'autre : ils devaient subir la torture, puis avoir la main droite coupée et la langue arrachée, enfin être décapités et jetés dans les flammes (28 février 1766). D'Étallonde avait déjà pris la fuite, mais La Barre restait entre les mains des juges.

La sénéchaussée d'Abbeville ressortissait au parlement de Paris : la sentence y fut confirmée, malgré une consultation signée des avocats les plus célèbres, au premier rang Gerbier et Linguet, malgré les conclusions du procureur général, par quinze conseillers contre dix : le Parlement, qui venait de remporter sa grande victoire sur les Jésuites, voulut prouver qu'il respectait la religion. On attendait une commutation de peine, une grâce du roi. Mais Louis XV, devenu indifférent à tout ce qui n'intéressait pas ses plaisirs, ne pouvait être réveillé, par la condamnation du chevalier de La Barre, de la léthargie honteuse où il était plongé : le condamné fut envoyé à Abbeville pour être exécuté.

On l'appliqua à la torture : il la supporta sans se plaindre et ne fit aucune révélation; qu'aurait-il révélé ? On lui donna, pour l'assister au dernier moment, un Dominicain, excellent homme qu'il connaissait beaucoup. La veille du supplice, comme on leur servit à dîner, le Dominicain, tout en larmes, ne pouvait manger : « Prenez un peu de nourriture, lui dit La Barre ; vous aurez besoin de force autant que moi pour soutenir le spectacle que je vais donner. » Le repas fut calme : le condamné ne manifestait aucune faiblesse, aucune agitation. Le lendemain, devant le portail de Saint-Wulfranc, il refusa de réciter la formule d'amende honorable. Cinq bourreaux étaient venus, de Paris, pour cette exécution : « Ne craignez rien, leur dit-il ; je me tiendrai bien et je ne ferai pas l'enfant. » Ils eurent l'humanité de ne lui couper ni la main, ni la langue. Sa tête, abattue du second coup, tomba, et le corps fut jeté dans le bûcher. Il avait dix-neuf ans.

La populace, avec la férocité stupide dont elle fait toujours preuve dans ces horribles drames, se rua sur le bûcher éteint et dispersa les cendres de celui qui venait d'expirer avec tant d'héroïsme.

On répète souvent que le chevalier de La Barre est mort pour avoir brisé un crucifix. Rien n'est moins exact : la sentence d'Abbeville et l'arrêt du parlement de Paris constatent qu'il était seulement *suspecté* de l'avoir endommagé. Ce n'est pas davantage l'aventure de la procession qui l'a fait frapper. Il a été exécuté pour avoir chanté des couplets impies et *osé* discuter sur la religion. Ces chansons dites dans des entretiens intimes, ces conversations tenues secrètement, dont personne n'aurait eu connaissance si des monitoires ne les avaient tirées de leur obscurité, qui devaient être traitées comme des pensées, et ne pouvaient devenir le motif d'aucune condamnation, voilà ce qui a fait mourir le chevalier de La Barre.

Mais supposons qu'elles eussent été publiques : La Barre devait-il être condamné? La réponse est facile. Pour les chansons, tout en faisant remarquer que, impies dans la religion catholique, elles étaient innocentes dans les autres, et que d'ailleurs celui-là seul profère un blasphème qui croit à l'existence et aux attributs de ce qu'il outrage, il faut reconnaître que le chevalier de La Barre méritait une punition légère, s'il avait, par ses chants, blessé les consciences religieuses de ceux qui l'entendaient. Quant aux réflexions et entretiens auxquels il s'était livré sur la religion, il n'avait fait, en refusant d'admettre certains points de la doctrine catholique, que ce que font les membres des autres religions ; et des paroles, respectées chez ces derniers, ne pouvaient, dans sa bouche, mériter une peine : il avait donc certainement le droit d'exprimer en public son opinion la plus hardie sur les matières religieuses, et, pourvu qu'il le fît avec convenance, personne ne devait s'en trouver blessé. Mais ce n'est encore là qu'un côté, et le moins important, de la question. Disons-le hautement : ce qui a fait condamner le chevalier de La Barre, ce n'est pas le trouble que son langage ou ses chansons avaient pu apporter dans l'âme des auditeurs, c'est la faute commise aux yeux de la religion catholique, le péché ; c'est le péché, et lui seul, qu'on a voulu atteindre quand on a puni le *blasphème résultant du fait d'avoir chanté des couplets impies,* blasphème qui peut-être n'avait pas été commis (La Barre pouvant ne pas croire à la Vierge et aux Saints que ses chants outrageaient), et qui, son existence fût-elle certaine, ne regardait que la conscience et n'encourait pas l'application de la loi ; c'est le péché, et lui seul, qu'on a voulu atteindre quand on a puni le fait d'avoir discuté les principes du catholicisme, fait que cette religion pouvait considérer comme répréhensible, mais qui, pour La Barre, n'était, comme le blasphème, qu'une question de conscience, et ne pouvait dès lors tomber sous le coup de la loi. Il est donc mort, frappé par la société civile pour des faits qui ne concernaient que la religion : jamais la liberté de la pensée humaine n'a été plus violemment foulée aux pieds. Il est mort pour des actes qu'on a osé qualifier crimes de lèse-majesté divine : comme si la Divinité avait remis aux hommes le droit de se faire juges des offenses qu'elle peut avoir reçues !

« Il y a dans tout cela de quoi frémir d'horreur, écrivait Voltaire quelques jours après l'exécution ; j'avoue que la tempête qui a fait périr le chevalier de La Barre m'a fait plier la tête. » Il allait cependant se remettre bientôt, et faire retentir l'Europe de sa voix éloquente. Il ne chercha pas à obtenir, comme pour Calas et Sirven, une réhabilitation judiciaire : il était alors, en effet, au plus fort de l'affaire Sirven qu'il allait porter devant le Conseil du roi, et qui l'occupait trop pour qu'il pût songer à solliciter, au même moment, une nouvelle évocation ; d'ailleurs, les circonstances dans lesquelles avait été prononcée, et surtout maintenue, la condamnation de La Barre, lui prouvaient que tous ses efforts pour le faire réhabiliter seraient impuissants. Mais, si l'on ne devait pas, de longtemps encore, obtenir cette réhabilitation, on pouvait, du moins, protester énergiquement, ne pas laisser tomber dans l'oubli le nom d'un infortuné, mort victime d'un principe détestable, et le faire au contraire passer à la postérité pour la honte éternelle des juges qui le frappèrent et pour la condamnation du système politique et religieux sous lequel il avait succombé : voilà ce que Voltaire accomplit, et c'est ainsi qu'il a rendu le nom du chevalier de La Barre plus célèbre peut-être que ceux des Sirven et des Calas.

Voulant dresser une *relation* qui puisse émouvoir le public, il demande d'abord, pour connaître exactement les faits, à d'Argental, à Damilaville, à Élie de Beaumont, de lui envoyer la consultation des avocats de Paris ; il demande aussi les conclusions du procureur général, l'avis du rapporteur, les noms des conseillers qui ont opiné *contre* et dont la postérité aura à faire justice : avec ces éléments, il veut gagner la cause de La Barre dans l'esprit de tous les honnêtes gens, avoir pour lui le public qui est toujours le souverain juge en toutes choses, faire proclamer l'iniquité de la condamnation par le cri de l'Europe entière qui lui semble le plus beau des arrêts.

Les renseignements arrivent : il compose alors une relation sur l'horrible événement d'Abbeville, avec ce titre : « Lettre à Beccaria; » mais il juge prudent de ne pas la faire paraître sous son nom, et elle est supposée écrite par M. Cassen à Beccaria. Le célèbre publiciste venait de composer son *Traité des délits et des peines*, que l'école philosophique accueillit avec enthousiasme et que Voltaire lui-même commenta. Ame sensible et généreuse, cherchant la vérité avec son cœur et sa conscience, il avait élevé la voix contre la procédure et la pénalité de son temps. L'ouvrage parut peu de temps après la condamnation de Calas et de Sirven : Beccaria s'était intéressé à ces drames douloureux et avait encouragé les nobles efforts de Voltaire. Le procès d'Abbeville l'indignait. C'est à lui, comme à un illustre protecteur des victimes de l'injustice humaine, que Voltaire adressa sa relation de la mort du chevalier de La Barre : elle se répandit partout et éveilla bientôt les sentiments de la plus vive réprobation.

Toutes les qualités que, dans l'affaire Calas et l'affaire Sirven, nous avons admirées chez Voltaire, nous les retrouvons ici. Dirons-nous une fois encore son activité et sa persévérance admirables? Ce serait sans cesse présenter le même tableau. D'ailleurs, ici, Voltaire ne poursuivant pas une réhabilitation judiciaire, n'ayant pas d'avocats à exciter, de rapporteurs et de juges à rendre favorables, de mémoires à corriger, de maladresses et d'imprudences à réparer, mais faisant seulement un appel à l'opinion publique, nous n'aurions pas la variété et l'imprévu qui donnent au récit de ses efforts pour Sirven et Calas l'intérêt d'un véritable roman : bornons-nous à dire que, jusqu'à la fin de sa vie, il poursuivit d'une voix vengeresse les juges qui avaient prononcé cette condamnation ; que, le 25 janvier 1775, âgé de quatre-vingt-un ans, il écrivait encore à Mme la marquise du Deffand : « Cet exécrable assassinat est plus horrible que celui des Calas. » L'opinion prit bientôt parti pour cet enfant si cruellement massacré. Mais sa mémoire ne devait pas encore être réhabilitée : elle ne l'a été que le 25 brumaire an II par la Convention nationale.

Voltaire avait aussi porté son attention vers d'Étallonde qui s'était réfugié en Prusse. Il lui écrivit au commencement de l'année 1757 et lui offrit d'employer pour lui toute son influence. D'Étallonde ayant répondu qu'il désirait rester au service du roi de Prusse, Voltaire s'adressa à Frédéric : celui-ci eut égard à cette recommandation. Pour lui, d'ailleurs, *les crimes abominables* commis par La Barre et d'Étallonde n'étaient que des faits d'une minime gravité : « Les accusés, avait-il dit dès l'origine, doivent être condamnés, en cas qu'ils aient mutilé une figure de bois, à en donner une autre à leurs frais ; s'ils ont passé devant des Capucins sans ôter leur chapeau, ils iront leur demander pardon ; s'ils ont chanté des chansons gaillardes, ils chanteront des antiennes ; s'ils ont lu quelques mauvais livres, ils liront deux pages de la *Somme* de saint Thomas. » Sur ce dernier point, le jugement de Frédéric, quoique moins inhumain que celui d'Abbeville, n'était cependant pas sans quelque sévérité : plus clément, Voltaire n'eût infligé aux coupables qu'un poëme sacré de Lefranc de Pompignan. D'Étallonde fut nommé officier. En 1774, Voltaire écrivit à Maupeou et lui demanda de faire restituer à son protégé des biens qui avaient été confisqués ; mais le célèbre chancelier ne paraît pas avoir fait droit à cette requête. D'Étallonde obtint l'année suivante un congé : il se rendit à Ferney. C'est à cette époque que Voltaire composa pour lui un mémoire, *le Cri du sang innocent*, qui avait pour objet la révision de la procédure d'Abbeville. Voltaire attendait beaucoup de cet écrit, adressé à un jeune roi qui paraissait aimer la justice. Cependant, il ne produisit aucun effet et l'injustice ne fut pas réparée.

L'année même de l'exécution du chevalier de La Barre, et presque le même jour, le comte de Lally-Tollendal montait sur l'échafaud. Par une coïncidence lugubre, c'étaient les mêmes bourreaux qui avaient mis à mort les deux victimes.

Irlandais de naissance, issu d'une famille attachée à la fortune malheureuse des Stuarts, connu pour la haine qu'il avait vouée aux Anglais, remarqué pour son courage à la bataille de Fontenoy et dans la tentative de Charles-Édouard en Écosse, Lally-Tollendal fut envoyé dans l'Inde à la fin de l'année 1757. La lutte qui y avait pris naissance entre les compagnies anglaise et française, au moment où commença en Europe la guerre de la Succession d'Autriche, venait, après quelques années de calme, d'éclater une seconde fois, la guerre de Sept ans ayant mis de nouveau la France et l'Angleterre dans des camps opposés. Lally débarqua à Pondichéry et prit immédiatement l'offensive. Ainsi qu'il arrive souvent au début d'une campagne qui doit se terminer par des défaites, et comme la France l'a surtout éprouvé dans ses expéditions lointaines, presque toutes brillamment commencées et tristement finies, le succès couronna les premiers efforts : l'armée française s'empara de Saint-David, d'Arcate, de quelques autres villes, et osa même assiéger Madras. Mais, forcé de lever le siége devant les secours considérables que recevait la garnison anglaise, Lally dut rentrer dans Pondichéry, où il trouva le conseil et tous les employés de la compagnie irrités et presque révoltés contre lui. Naguère assiégeant, il fut bientôt assiégé à son tour. Fait prisonnier, après une défense héroïque (janvier 1761), conduit à Madras, puis embarqué sur un vaisseau où il endura, pendant une longue traversée, les plus mauvais traitements, il parvint enfin en Angleterre, et de là, libre sur parole, il passa en France. Mais des ennemis nombreux l'y attendaient : d'abord, par son caractère emporté, il avait excité bien des mécontentements, encore inapaisés; puis le gouvernement, injuste comme le sont souvent les gouvernements envers les hommes qui les ont servis, lui reprochait les malheurs éprouvés par nos armes; enfin tous ceux dont les intérêts privés avaient souffert dans ce désastre s'adressaient à lui et le rendaient responsable des pertes qu'ils avaient supportées. C'est par ces causes diverses que Lally vit tout à coup sa condamnation demandée de toutes parts. Jamais, dans un procès, la passion n'a joué un plus grand rôle que dans celui dont nous nous occupons.

Accusé de s'être entendu avec les Anglais pour trahir les intérêts de la France, et d'avoir amassé au milieu de la détresse générale une fortune immense, il fut enfermé à la Bastille, puis jugé par le parlement. Des magistrats qui n'avaient jamais quitté la France et qui ne savaient rien des choses de la guerre, eurent à décider (spectacle grotesque au milieu de ce drame sinistre), si Lally avait, dans l'Inde, *entre Madras et Pondichéry*, observé toutes les règles de la *stratégie militaire*. Il n'eut pour sa défense d'autre conseil que lui-même. Naturellement irritable, et rendu plus violent par l'accusation dont il était l'objet, il écrivit alors plusieurs mémoires pleins d'emportement qui augmentèrent encore le nombre de ses adversaires. Condamné à mort, le 6 mai 1766, il fut conduit au supplice avec un bâillon dans la bouche. Ses ennemis osèrent, lorsqu'il monta sur l'échafaud, l'insulter par des battements de mains. Il mourut courageusement, comme il avait vécu.

Après sa mort, on reconnut qu'il ne laissait aucune fortune : événement toujours rare chez les hommes qui à un moment de leur vie ont eu en main le pouvoir. Ainsi tombait déjà une partie des accusations dirigées contre lui. On comprit bientôt aussi qu'il n'était coupable d'aucune trahison; qu'il avait, au contraire, loyalement rempli la mission qui lui était confiée. L'innocence de cet infortuné apparut alors dans tout son jour.

Indigné de la condamnation qui avait frappé un innocent et de la passion qui l'avait inspirée, Voltaire écrivait à d'Argental, quelques jours après l'exécution : « Ma destinée est de ne point être content des arrêts des parlements; j'ose ne pas l'être de celui qui a condamné Lally. J'ai sur le cœur le sang de cet infortuné. » Comme l'affaire de La Barre, celle de Lally-Tollendal allait l'occuper jusqu'à ses derniers moments : « Je vois souvent, disait-il, dans mes rêves, à droite et à gauche, La Barre et Lally. » En 1773, un neveu de Lally ayant eu l'intention de présenter au Conseil une requête en révision du procès, Voltaire lui écrit sur-le-champ, lui recommande d'éviter dans son mémoire tout ce qui pourrait choquer les membres du Conseil, et de le faire signer par plusieurs avocats; il termine en lui disant : « Je m'offre d'être votre secrétaire malgré mon âge de quatre-vingts ans ; ce sera une consolation pour moi que mon dernier travail soit pour la défense de la vérité. » Vers la même époque, il imagina de faire une *Histoire des révolutions de l'Inde*, dans laquelle le procès et la mort de Lally-Tollendal, dont il voulait faire bien connaître au public tous les détails, trouveraient naturellement leur place. L'année suivante, lorsque le fils de Lally entreprit de faire réhabiliter la mémoire de son père, Voltaire l'encouragea de toutes ses forces. Pendant trois ans, il ne cessa d'applaudir à ces efforts généreux et de travailler lui-même à cette tâche si difficile.

En 1778, au mois de mars, après cet accueil glorieux que Voltaire reçut à Paris ; après cette représentation d'*Irène*, où une foule enthousiaste acclama l'illustre vieillard qui l'avait tant charmée par son esprit et éclairée par sa raison ; après ces ovations triomphales qui le suivirent, à chaque pas, jusqu'à son dernier jour ; alors que la mort approchait et qu'il avait seulement quelques heures à vivre, il apprit que l'arrêt rendu douze années auparavant venait d'être cassé. Secouant la torpeur où il était plongé et qui déjà le rendait indifférent à toutes choses, il se fit soulever sur son lit et écrivit au jeune comte de Lally ces quelques mots, qui n'ont besoin d'aucun commentaire : « Le mourant ressuscite à cette grande nouvelle, je meurs content. » Ce fut sa dernière lettre.

Dans les procès que nous venons de parcourir, Voltaire s'est toujours élevé, et avec une juste raison, contre la procédure et les peines de son temps; mais, si ces différentes affaires ont de la sorte un lien commun, chacune d'elles a aussi un caractère particulier qui la distingue des autres : c'est ainsi que, dans les procès de Calas et de Sirven, le fanatisme religieux; dans celui de Lally-Tollendal, la passion aveugle qui s'attaque à un homme parce qu'il a été malheureux et lui fait un crime de son infortune; dans celui de La Barre, le principe de la confusion de l'Église et de l'État, ont été les causes principales de la mort de ces victimes. Dans le procès de Montbailly, au contraire, qu'il nous reste à raconter, nous nous trouvons en face d'une erreur judiciaire, où le côté absurde et cruel de notre législation criminelle est en pleine lumière, aucun motif particulier de condamnation n'étant ici venu se joindre à cette cause générale; et, par conséquent, tandis que pour Calas, Sirven, La Barre, Lally-Tollendal, nous avons insisté sur le côté par lequel chacune de ces affaires se détachait des autres, nous allons, dans celle de Montbailly, faire connaître les idées de Voltaire sur la réforme de nos lois criminelles.

Montbailly habitait à Saint-Omer avec sa jeune femme et sa mère, âgée de soixante ans. Le 27 juillet 1770, à sept heures du matin, en entrant dans la chambre de celle-ci, il la trouva renversée hors du lit, la tête penchée à terre; elle était morte, et tout prouvait qu'elle avait, dans la nuit, succombé à une attaque d'apoplexie, depuis longtemps imminente. Montbailly appelle sa femme. Bientôt des voisins accourent; tous prennent part à sa douleur. Mais quelques passants désœuvrés émettent cette idée que les jeunes époux ont bien pu tuer leur mère. Jamais supposition ne fut plus dénuée de fondement : Montbailly et sa femme avaient toujours manifesté pour la défunte les sentiments les plus tendres; ils montraient d'ailleurs, au milieu de leur affliction, une tranquillité qui eût été bien extraordinaire au lendemain d'un crime aussi atroce. Pouvaient-ils avoir assassiné leur mère pour en hériter? Mais elle n'avait d'autre bien qu'une petite rente qui devait s'éteindre avec elle. Enfin, dans la maison, on ne trouvait aucune trace de meurtre ou même de lutte.

Des experts sont mandés : ils examinent le cadavre et déclarent l'apoplexie, sinon certaine, du moins possible. Malgré cet avis favorable, Montbailly et sa femme sont emprisonnés et les juges ordonnent *un plus ample informé* d'une année pendant lequel ils resteront en prison. Comme si cette sentence était trop indulgente, le procureur du roi interjette appel *à minimâ* devant le conseil supérieur d'Artois siégeant à Arras. Celui-ci trouve suffisants les indices dont les juges de Saint-Omer n'avaient pas cru pouvoir se contenter. Ni les protestations des accusés, ni l'explication toute simple qu'ils donnent de la mort de leur mère, ni leur attitude calme au milieu des tourments de la question, rien ne peut les sauver. Montbailly est envoyé à Saint-Omer pour être exécuté. Il monte sur l'échafaud, prenant Dieu à témoin de son innocence. Le peuple qui, dans les premiers moments, avec une légèreté coupable, l'avait accusé, mais qui était revenu de son erreur, lui donne des larmes. Sa femme, se trouvant enceinte, fut enfermée dans un cachot d'Arras, pour être exécutée quand elle aurait mis au monde son enfant.

Dans ce procès, les juges ne voulaient pas, comme ceux de La Barre, punir au nom de la société civile une offense à la religion; ils n'étaient pas emportés par le fanatisme, comme ceux de Sirven et de Calas; ils n'obéissaient pas, comme ceux de Lally-Tollendal, à la passion qui animait le public contre un officier malheureux que l'on voulait punir de sa défaite. Ici, le cri de la foule de Saint-Omer s'était bientôt affaibli, puis éteint, et les juges d'Arras ne l'avaient même pas entendu. Ils avaient donc frappé sans passion, froidement, un innocent : la cause de sa mort, c'était notre législation criminelle, qui ne donnait pas assez de garanties à l'accusé et qui permettait aux juges de frapper trop facilement d'autres que les coupables.

Dès qu'il connut cet horrible événement, Voltaire offrit son appui aux parents éplorés de la femme de Montbailly, et sur-le-champ il adressa au chancelier Maupeou un mémoire où il demandait, au nom de cette famille infortunée, la révision du procès; il s'appuyait sur l'avis du célèbre médecin Louis et sur une consultation signée de plusieurs avocats. « C'est d'une famille obscure et pauvre qu'il s'agit, disait-il; mais le plus vil citoyen massacré sans raison avec le glaive de la loi est précieux à la nation. » Il eut le bonheur de réussir; l'affaire fut remise entre les mains d'un nouveau conseil établi dans Arras, qui déclara Montbailly et sa femme innocents. Celle-ci fut ramenée en triomphe à Saint-Omer. Voltaire fit alors, sur cette affaire, un second mémoire, adressé au public, où il exprimait de nouveau, comme il l'avait déjà fait dans les autres procès dont il s'était occupé, ses vues sur la législation criminelle.

Avant de punir les délits et les crimes, les prévenir

en répandant l'instruction et en chassant la misère; diminuer le nombre des faits qualifiés délits ou crimes, en retranchant de ce nombre tous ceux qui ne sont pas des offenses directes à la société civile : tel était le double point de départ de Voltaire. En procédure, bannir le secret, car ce n'est pas à la justice de se cacher; donner toujours un défenseur à l'accusé; se montrer scrupuleux sur la nature et la force des preuves, c'est-à-dire supprimer tous les indices, toutes les conjectures et n'admettre que des preuves rigoureuses; faire disparaître la torture contre laquelle protestent non-seulement tous les sentiments humains que nous portons dans notre âme, mais la raison elle-même, car la société ne peut infliger une peine à un de ses membres lorsqu'elle doute encore s'il est innocent ou coupable; motiver tous les arrêts, afin que les juges ne puissent plus frapper un accusé parce que tel serait leur bon plaisir; en matière de peines, tâcher d'abord de punir utilement, c'est-à-dire rendre la peine plus honteuse que cruelle, et, si cela est possible, faire réparer le dommage causé; proportionner les peines aux faits à punir; supprimer tous les supplices recherchés et même la peine de mort, « sauf le cas où il n'y aurait pas d'autre moyen de sauver la vie du plus grand nombre » : voilà les réformes que Voltaire n'a cessé de demander pendant toute sa vie.

Mais une réforme dominait pour lui toutes les autres : celle des tribunaux chargés d'appliquer nos lois criminelles. On a dit beaucoup de bien et beaucoup de mal des anciens parlements. Il est certain qu'ils ont combattu les tendances envahissantes du pouvoir religieux; qu'ils ont « compté pour quelque chose » la discipline et le droit; qu'ils ont été parfois indépendants; qu'ils ont fourni des exemples de constance et même d'intrépidité. Mais il est certain aussi qu'ils ont connu toutes les vanités et toutes les prétentions; qu'ils ont été intolérants, ennemis de toutes les découvertes, de tous les progrès, et que jamais aucune institution n'a été plus attachée à ses abus. C'est par ce côté surtout qu'ils ont frappé l'attention de Voltaire. Il voulait refaire la société : les rencontrant devant lui immobiles, opposés à son œuvre, il les combattit. En ce qui touche l'application des lois criminelles, il les trouvait durs, cruels même : « Serait-il vrai, disait-il, que les hommes accoutumés à juger les crimes contractent l'habitude de la cruauté et se fassent à la longue un cœur d'airain?... Cette loi universelle, qu'il vaut mieux hasarder de sauver un coupable que de punir un innocent, serait-elle bannie du cœur de quelques magistrats trop frappés de la multitude des délits? » D'ailleurs, même en supposant que les juges ne s'habituent pas aux supplices, il trouvait dangereux de remettre le soin de trancher les questions criminelles, qui soulèvent toutes plus ou moins une question de liberté, à des magistrats, c'est-à-dire à des hommes qui auraient besoin d'une force d'âme particulière pour garder toujours leur indépendance dans la situation où ils sont placés : « Quand des juges, écrivait-il, n'ont que l'ambition et l'orgueil dans la tête, ils n'ont jamais l'équité et l'humanité dans le cœur. » Puis, il jugeait déraisonnable et comme contraire à l'essence même de la justice humaine de laisser frapper un homme dans sa liberté, c'est-à-dire dans sa vie, par des juges que cet homme ne peut pas socialement considérer comme *ses semblables* : « Il faut en revenir à l'ancienne méthode des jurés qui s'est conservée en Angleterre. » Il entrevoyait déjà cette vérité, aujourd'hui bien démontrée, que tout ce qui concerne de près ou de loin une peine à infliger doit être, si l'on ne veut consolider les assises sur lesquelles repose le despotisme, décidé par le pays lui-même et par le pays seul.

Il nous reste, pour compléter l'étude des causes intéressantes dont Voltaire a été l'avocat, à dire quelques mots de ses mémoires judiciaires : Voltaire, en effet, pour tous ses clients, excepté pour Lally-Tollendal, dont il n'a pris la défense que dans des lettres nombreuses et dans les *Fragments sur les révolutions de l'Inde*, a composé, nous l'avons vu, de véritables *mémoires*. Les *pièces originales* que Mme Calas avait remises au chancelier de Lamoignon, la *Lettre à Damilaville sur les parricides imputés aux Calas et aux Sirven*, la *Relation de la mort du chevalier de La Barre*, adressée à Beccaria ; *le Cri du sang innocent*, le *Procès criminel de Montbailly* : tels sont les plus importants.

Quand on lit ces mémoires, l'esprit est frappé du sentiment généreux et humain qui les anime. En songeant au ton de raillerie souvent amère qui règne dans la plupart des autres ouvrages de Voltaire, parfois on a été surpris de rencontrer ici cette émotion, on l'a considérée comme simulée, on y a vu un artifice dont il aurait usé pour gagner à ses protégés de plus nombreux partisans. Mais, porter un jugement pareil, c'est se tromper singulièrement. Sans doute Voltaire a ri de bien des sottises ; peu de travers ont trouvé grâce devant sa plaisanterie impitoyable ; plus qu'aucun autre homme peut-être il a prodigué la raillerie et s'est moqué de ses semblables : et cependant, il les a beaucoup aimés. Il n'y a là, d'ailleurs, aucune contradiction : presque tous, en effet, nous venons à la vie avec une disposition naturelle à croire au bien chez les autres et à les aimer sincèrement; plus tard, il est vrai, quand nous voyons se dérouler autour de nous le tableau des méchancetés et des faiblesses humaines, notre cœur se resserre, et bientôt nous n'éprouvons à l'égard des hommes qu'un sentiment de colère, ou, plus ordinairement, d'indifférence mêlée de mépris; mais les âmes vraiment supérieures, et Voltaire était de ce nombre, peuvent, même avec cette connaissance approfondie des hommes, conserver encore pour l'humanité un véritable amour. C'est ainsi que Voltaire, aussi bien dans les dernières années de sa vie qu'au sein des enchantements de sa jeunesse, a toujours été sensible à tous les maux de l'humanité. Sans doute, le Christianisme a produit des hommes plus attentifs que lui aux souffrances individuelles; il n'avait rien d'un Vincent de Paul; le sentiment qui l'a enflammé n'est pas le sentiment de la charité, cette charité qui fait que nous souffrons quand nous voyons souffrir notre semblable, quelle que soit la cause de sa douleur, et que nous puissions ou non l'adoucir. Voltaire obéissait à un autre mobile. Ce sont les grands intérêts, l'ordre, la liberté, la justice, le bonheur de l'espèce humaine, qui l'émeuvent. Les hommes, comme individus, lui paraissent mériter peu de sympathies, et il le dit hautement : mais que l'ignorance ou l'erreur envahisse l'esprit humain, que la liberté de conscience soit étouffée, la justice indifférente ou oppressive, le droit violemment foulé aux pieds, il s'émouvra profondément, et, avec une généreuse abnégation de lui-même, avec un entraînement et un dévouement désintéressés, que l'habitude du grand monde n'a pas affaiblis chez lui, il représentera la protestation de l'esprit et de la conscience indignés « contre l'absurde et l'odieux dans le monde » : alors, et comme naturellement, cet homme qui a si souvent traité ses semblables avec un dédain suprême et leur a prodigué les railleries les plus acéréees, trouve des accents émus pour défendre les grands principes de justice et de liberté. Voilà comment Voltaire a *aimé* les hommes.

Ces mémoires laissent loin derrière eux tous ceux des avocats du temps qui d'ailleurs se bornaient en général à plaider et écrivaient peu, leur mérite d'écrivain étant au-dessous de leurs talents oratoires. Pour ne citer que des noms que nous avons rencontrés dans le cours de notre travail, nous dirons que ni les mémoires de Mariette, empreints d'une trop grande sécheresse, ni ceux de Loyseau de Mauléon au style maniéré et souvent déclamatoire, ni ceux d'Élie de Beaumont, bien qu'ils soient, dans l'affaire Calas, supérieurs à la plupart des mémoires contemporains, ne peuvent supporter la comparaison avec ceux de Voltaire. En dehors du barreau, le mémoire du fils de Lally-Tollendal, œuvre éloquente à laquelle le sentiment de la douleur n'enlève rien de son énergie; et, en remontant au siècle précédent, les mémoires de Pellisson pour Fouquet, témoignage d'un admirable dévouement, et d'une valeur littéraire d'ailleurs incontestable, sont également au-dessous de ceux de Voltaire. Il faut juger de même les mémoires de Servan et de Dupaty, dont nous parlerons plus loin. Voltaire avait d'ailleurs les idées les plus justes sur les qualités que doit renfermer un mémoire judiciaire ; la correspondance qu'il entretenait dans l'affaire Sirven nous le montre donnant sur cette question des conseils judicieux, émettant des réflexions pleines de vérité : « Un mémoire, écrit-il à Damilaville, doit être dépouillé des accessoires qui ne font que ralentir l'intérêt et refroidir les lecteurs ;... il faudrait que le mémoire d'Élie n'eût ni la pesante sécheresse du barreau, ni la fausse éloquence de la plupart de nos orateurs. » Il écrit à Élie de Beaumont : « La véritable éloquence et même la langue sont d'ordinaire trop négligées à votre barreau, et les plaidoyers de nos avocats n'entrent point encore dans les bibliothèques des nations étrangères. » Voltaire, on le voit, n'admirait guère les avocats de son temps. Ajoutons, ce qui est plus grave, qu'il ne prisait pas davantage la profession du barreau elle-même. « Les avocats, écrivait-il, invoquent une loi et un témoignage, apportent des raisons victorieuses, parlent de l'ordre moral et politique, et de l'ordre des avocats, et l'emportent beaucoup sur maître Petit-Jean. » Pareil langage se retrouve en maint endroit de ses œuvres, et sa pensée sur ce point est évidente. Souvent, il est vrai, pour les nécessités de la cause, il a prodigué aux avocats les éloges les plus flatteurs : mais, au fond, le genre de talent que doit déployer l'avocat paraissait à Voltaire un genre *faux;* sa raison, qui, en toutes choses, allait droit au but, n'admirait pas un art où l'esprit doit s'accoutumer à des exercices peut-être défavorables à la rectitude du jugement ; amoureux, et pour ainsi dire fanatique de simplicité, il n'était pas à l'aise avec les longues périodes, à la forme parfois prétentieuse ou ampoulée, et les inévitables lieux communs qu'il trouvait dans les plaidoyers et les mémoires judiciaires du barreau. Et cependant, résultat vraiment digne d'attention, ce même Voltaire qui a tant critiqué les avocats, et si souvent répété que « leur éloquence n'est qu'un pathos de collége, » a, par une sorte d'influence fatale, pris lui-même quelque chose de leurs défauts dans la partie de ses ouvrages où il a abordé leur terrain, c'est-à-dire dans ses mémoires judiciaires. Certes, nous y trouvons toujours cette langue excellente, dont la séduction attire et retient, simple, rapide, qui par la précision et la propriété des expressions rappelle, avec plus d'élégance, celle de Pascal, ce style où l'industrie de l'écrivain semble absente, qui paraît facile à imiter et qui est inimitable; et pourtant, s'il était permis de dire que l'on peut quelquefois, dans les quatre-vingts volumes dont se composent ses œuvres, trouver Voltaire, non pas assurément déclamatoire (là même où il est le moins simple, il l'est plus encore qu'aucun autre auteur, tellement la simplicité est son élément), mais peut-être plus préoccupé qu'il ne l'est d'ordinaire de la forme même de la phrase, ce serait dans les mémoires dont nous parlons. C'est ainsi qu'en prenant la défense de Calas, de Sirven, de La Barre, Voltaire n'a pas été avocat à demi.

On a souvent comparé les mémoires de Voltaire à ceux de Beaumarchais. Mais si ces deux hommes se sont ressemblés par certains côtés de l'esprit et du caractère; s'ils ont été tous les deux des littérateurs et les plus spirituels de leur temps; si, dans les luttes qui ont rempli leur existence, ils se sont montrés l'un et l'autre adversaires infatigables et toujours prêts; si chacun d'eux a écrit, non pour le plaisir d'écrire, mais pour satisfaire sa raison ou sa passion; s'ils ont abordé tous les deux le terrain judiciaire; si, en un mot, ils se sont touchés par plusieurs points, il faut reconnaître que, du moins, leurs mémoires sont très-dissemblables : par cette raison que, en s'occupant des choses de la justice, ils ne se proposaient pas le même but. Voltaire, nous l'avons dit, a voulu défendre la liberté et la justice opprimées. C'est un homme seulement, ou une famille, qui souffre; mais dans cet homme, dans cette famille, il voit la cause de l'humanité tout entière : en combattant pour quelques infortunés, il combattra donc pour la tolérance contre le fanatisme, pour la vérité contre le mensonge, pour la douceur contre la cruauté. Le sujet s'élevant à cette hauteur, le ton général de l'ouvrage s'en est naturellement ressenti : on peut dire (en laissant de côté les taches que nous avons indiquées tout à l'heure, qui tiennent à la nature judiciaire du sujet, d'ailleurs insignifiantes et ne diminuant en rien le mérite général de l'œuvre) que ces mémoires de Voltaire sont écrits avec une énergie calme, une passion sérieuse, une indignation contenue; ce n'est pas un avocat qui plaide pour un client vulgaire, c'est un philosophe qui travaille au triomphe de la raison. Est-ce là la situation de Beaumarchais? D'abord, à la différence de Voltaire, il plaide pour lui-même et fait sa propre affaire; puis, son but n'est pas de transformer la société, mais de gagner une somme d'argent et de faire tomber en confusion un adversaire détesté : dès lors, au lieu de composer, comme Voltaire, une dissertation, émue sans doute et même indignée, parfois aussi piquante, mais toujours modérée et pleine d'élévation, il publie un pamphlet. Voilà toute la distance qui sépare les mémoires de Voltaire de ceux de Beaumarchais.

La nature de la cause que soutient l'avocat exerce une influence si décisive sur l'allure générale de son langage, que, dans un procès où Voltaire n'a pas eu à plaider pour un grand principe, mais pour un intérêt simplement pécuniaire, il a eu lui-même un ton bien différent de celui qui règne dans ses autres mémoires : nous voulons parler du procès du comte de Morangiès. Une veuve Verron et sa famille prétendaient avoir remis au comte de Morangiès trois cent mille francs. Celui-ci niait le prêt. Il est difficile de dire de quel côté était l'imposture. Voltaire fit en faveur du comte de Morangiès un mémoire considérable, qui débutait par un chapitre curieux à consulter sur les *probabilités en fait de justice*. Dans ce mémoire, où il se proposait le même but que Beaumarchais dans son pamphlet célèbre, une somme d'argent à gagner et un adversaire à confondre, à cette différence près qu'il plaidait pour un ami tandis que l'auteur du *Mariage de Figaro* travaillait pour lui-même, Voltaire ressemble à Beaumarchais. Sa discussion n'est plus seulement vive et naturelle, il a une verve de plaisanterie intarissable ; il est ironique et mordant ; il manie le sarcasme avec une adresse infinie ; son style est tantôt gai, tantôt dramatique ; parfois noble, parfois rapproché du grotesque ; pour ridiculiser ses adversaires, il fait d'eux la caricature la plus originale ; il ne recule ni devant les insinuations, ni devant les révélations. Beaumarchais, avec ses qualités admirables de polémiste, et ses défauts au point de vue de la décence et peut-être de la vérité, est là tout entier. On le chercherait vainement, au contraire, dans les mémoires de Voltaire pour Calas, Sirven, La Barre et Montbailly. C'est que, là, Voltaire n'est plus dominé par une question personnelle ou un intérêt particulier, et que ces mémoires ne sont qu'un épisode de la lutte entreprise par lui, avec une seule passion, celle du bien public, pour refaire la société et lui donner des mœurs plus humaines, des lois plus justes, une tolérance plus réelle, une liberté plus vraie : tel est, en effet, le but qu'a poursuivi Voltaire pendant soixante années.

Ce but, il eut la consolation, avant sa mort, de voir la société, non pas l'atteindre, mais s'en rapprocher. Nous avons montré, vingt années auparavant, la royauté indifférente, les parlements entêtés, étroits, durs, le barreau lié à la magistrature et presque aussi immobile qu'elle, la littérature timide encore dans ses attaques : en 1778, tout a bien changé.

La littérature s'est transformée ; obéissant à un mouvement tout politique, la philosophie envahit l'administration et la justice.

Le barreau, excité par la voix des philosophes, a cessé de se taire devant les condamnations injustes et d'applaudir aux résistances des parlements : dans les années qui précèdent la mort de Voltaire, il n'est guère de plaidoirie célèbre, de mémoire judiciaire important, où les questions si délicates, soulevées par la barbarie de la procédure et des peines, ne soient discutées par ce barreau qui naguère encore n'osait pas les aborder. Son examen s'étend même en dehors de nos lois criminelles. C'est à ce moment, en effet, qu'à l'occasion des Protestants, si longtemps privés de toute condition civile, il s'occupe de l'état des cultes dissidents. Dans l'affaire du vicomte de Bombelles, Linguet, plaidant pour une femme protestante que son mari délaissait en invoquant la nullité du mariage, fait entendre les plus nobles accents : Portalis, alors jeune avocat au parlement d'Aix, compose, sur cette situation des Protestants, un véritable traité où la cause du droit et de la raison est plaidée avec une grande élévation de sentiments, et qui contient les réflexions les plus sagaces sur le mariage considéré comme contrat civil ; Target fait, au sujet de la marquise d'Anglure, protestante, dont le parlement de Bordeaux avait annulé l'état civil, un mémoire qui a un grand retentissement. Touchant à des questions encore plus graves, Bergasse proteste, dans le procès Kornmann, contre les lettres de cachet, élève même la voix en faveur de la liberté de la presse, des États généraux, des *droits de la nation*. De toutes parts, en un mot, les avocats commencent, en législation, en philosophie, en morale politique, à professer des opinions généreuses. Déjà entre dans la vie cette génération d'avocats qui figurera en majorité à l'Assemblée constituante, où, animée d'un véritable esprit politique, elle défendra la cause des idées libérales et modérées ; redoutant les excès qui compromettent toujours la cause de la liberté ; habituée aux réalités de la vie et ne se berçant pas de rêves ; n'attendant de la Révolution que ce qu'il est en son pouvoir de donner ; essayant enfin de la calmer et de la diriger, ce qui est toujours, ils en feront la triste expérience, « le rôle que les révolutions pardonnent le moins. »

La magistrature, elle aussi, n'est plus la magistrature d'autrefois : elle a subi une double transformation.

D'abord, elle a perdu quelque chose de son ancienne omnipotence ; elle n'inspire plus cette vénération qui empêchait de voir ses vices et de reconnaître ses fautes. La décadence a commencé surtout avec le coup d'État de Maupeou, qui avait affaibli le pouvoir des corps judiciaires. Elle augmente encore sous le nouveau parlement. C'est alors, en effet, qu'eut lieu ce procès fameux où Beaumarchais accusa de corruption le conseiller Goëzmann et bafoua dans sa personne le corps tout entier. On a souvent dit que Beaumarchais avait renversé le Parlement Maupeou ; il n'en est rien. Un pamphlet est par lui-même sans force. Il n'a de retentissement que s'il répond au sentiment public. Ce qui a fait la vogue du mémoire de Beaumarchais, c'est le moment où il a paru : vingt ans plus tôt, il eût passé inaperçu. A toutes les époques de l'histoire, en effet, lorsqu'un pouvoir, une institution, ont mécontenté l'opinion et approchent de leur chute, la réprobation générale se traduit par un pamphlet. Ce n'est pas ce pamphlet qui amène la chute du pouvoir ou de l'institution qu'il ridiculise : il est lui-même amené par les motifs qui ont rendu la catastrophe inévitable ; comme elle, il est un *effet*, non une *cause*. C'est ainsi que la Ligue n'a pas été renversée par la satire Ménippée, mais par l'opinion, qui, à la fin du XVIe siècle, ne voulant plus de la Ligue, rendit possible la satire Ménippée. Ce qui a renversé le Parlement

Maupeou, ce n'est pas le pamphlet de Beaumarchais, c'est l'état général des esprits en France. Beaumarchais n'a fait que servir à souhait la rancune publique : seulement il s'est acquitté de ce rôle avec une audace et un esprit infinis. Le Parlement Maupeou tomba bientôt sous le ridicule et le mépris; et cependant le souvenir des anciens corps judiciaires, souvent respectables et toujours terribles, était encore si puissant, que ce parlement, qu'on allait renverser, inspirait encore une sorte de crainte révérentielle : Beaumarchais, ayant été appelé à la barre de la Cour, éprouva, malgré sa hardiesse, devant cette magistrature dont il avait osé cependant flétrir d'une manière publique la corruption, un véritable anéantissement : « Je me sentis, dit-il, dans cette salle et devant cette assemblée, le cœur subitement resserré comme si une goutte de sang figé fût tombée dessus et en eût arrêté le mouvement. » Derrière le Parlement Maupeou si bas et si faible, il avait vu se dresser la haute et redoutable figure de l'ancien parlement. Mais le souvenir des magistrats d'autrefois ne pouvait sauver le Parlement Maupeou. Il tomba : et, lorsque l'ancien parlement le remplaça, le public, transformé par les idées nouvelles, le reconnut à peine. C'en était fait de notre ancienne magistrature.

Elle-même d'ailleurs commençait à être pénétrée de l'esprit nouveau. Nous avons vu Voltaire, dans les derniers moments de l'affaire Sirven, recevoir la nouvelle que le parlement toulousain était déjà envahi par les idées de justice et de tolérance; bientôt ce même parlement jette les fondements de la jurisprudence qui met les enfants issus du mariage entre Protestants sous la protection de la possession d'état. Quelques années auparavant, en 1766, un jeune avocat général au parlement de Grenoble, Servan, disciple de Beccaria, s'occupant aussi de cette question, prend la défense d'une femme protestante répudiée par son mari, qui, pour être impunément coupable, s'est fait catholique. Bien plus, dans un discours de rentrée, Servan osait déjà attaquer nos institutions criminelles. Le discours fut accueilli avec enthousiasme par la philosophie contemporaine. Voltaire applaudit à cette protestation d'un magistrat contre des lois que les magistrats appliquaient sans une hésitation de conscience. « M. Servan, écrit-il, a fait un discours pathétique sur le *Traité des délits et des peines*;... il se taille des ailes pour voler bien haut. Il vint, il y a deux ans, passer quelques jours chez moi; c'est un jeune philosophe plein d'esprit; il pense profondément... La raison et l'humanité commencent à percer de tous côtés. » Quinze années plus tard, un président à mortier du parlement de Bordeaux, Dupaty, ami de Beaumarchais, protecteur de Vergniaud qui débutait alors sous ses auspices au barreau girondin, publiait, à l'occasion de trois paysans condamnés à la roue, un mémoire où il attaqua notre législation criminelle, surtout le mode d'interrogatoire des accusés, la nature des témoignages produits contre eux et le défaut d'assistance de défenseurs. Ce mémoire fut applaudi de toute la France. L'avocat général Séguier répondit par un long réquisitoire : « ... Il ne sied point, s'écria-t-il d'un ton solennel, de toucher à l'ordre établi depuis tant de siècles, de renverser un édifice construit par les mains les plus expérimentées. » C'est le langage banal et vide de sens que, de tout temps, on a fait entendre aux réformateurs; et, de nos jours, on n'oppose pas d'autre réponse à ceux qui croient que l'état social, politique et religieux du monde est imparfait et doit progresser encore. Le mémoire de Dupaty fut brûlé au pied du grand escalier. C'est ainsi qu'à toutes les époques, avec une obstination aveugle qui ne prouve qu'une chose, la vanité et l'inintelligence de ceux qui s'imaginent follement disposer à leur gré des consciences humaines, on a essayé d'étouffer la lumière. Risibles efforts! comme s'il était possible à l'homme d'empêcher par la force le triomphe de la raison!

Cependant, malgré ces résistances trop fréquentes encore, la royauté elle-même semblait prendre part à l'élan général. Louis XVI est monté sur le trône. D'une intelligence médiocre et d'une volonté plus faible encore, mais doué d'instincts honnêtes et de quelque bon sens, aimant d'ailleurs le peuple autant qu'un roi peut *aimer* ceux qu'il regarde comme ses *sujets*, il avait appelé au ministère Malesherbes et Turgot : le premier, magistrat plein d'une véritable grandeur, un des hommes de bien qui ont le plus honoré la France; le second, philosophe et publiciste du premier ordre, égalant presque Montesquieu; l'un et l'autre sincèrement épris de la liberté. Sans doute, la royauté n'osa point encore prendre le rôle que les circonstances lui offraient; et Turgot, qui avait assez de génie pour embrasser l'étendue du désastre prochain, et assez de sang-froid pour le conjurer, en donnant d'avance à la Révolution ses satisfactions les plus légitimes, n'était pas assez secondé par le roi, toujours irrésolu et flottant au gré de mille impulsions contraires.

Néanmoins, pour ne parler que des choses judiciaires, c'est sous le règne de ce prince que le Conseil du roi défend d'employer en justice les lettres interceptées; une déclaration de 1780 abolit la question préalable; en 1787, un édit restituera aux dissidents l'état civil; en 1788, le roi forcera, à la veille de la Révolution, il est vrai, c'est-à-dire trop tard, le parlement à enregistrer des édits qui donneront satisfaction aux philosophes sur quelques-uns des points où ils ont sollicité des réformes.

Dans ce mouvement des esprits, timide encore, mais déjà prononcé, qui emportait la société vers une transformation générale, dans ce triomphe des idées vraies, Voltaire n'avait pas seul sa part de gloire. Les autres philosophes et publicistes français, au premier rang Montesquieu et Rousseau : Montesquieu, mâle génie, dont le bon sens pénétrant et la haute raison étudient les mœurs et les abus de son temps, qui marque un but précis aux idées, encore vagues et à l'état d'instincts, d'où naîtra la Révolution, qui explique les ressorts de la monarchie française et montre l'étroite relation existant entre les formes judiciaires et les formes politiques; Rousseau, l'apôtre éloquent des idées et des sentiments que la civilisation a étouffés, l'interprète passionné des vœux et des aspirations du siècle, l'homme qui a cru de toutes les forces de son âme au bien absolu en toutes choses et à la possibilité de le réaliser, qui a enseigné avec l'ardeur impétueuse qui ne l'abandonne jamais le respect de la nature humaine; en Italie, ces hommes généreux, qui essayaient d'exciter dans les esprits un mouvement philosophique, Beccaria, ce noble Milanais, qui voit dans les lettres un moyen de transformer la société, l'auteur du *Traité des délits et des peines*; Filangieri, brillant seigneur de la cour de Naples, un des hommes qui ont le plus sincèrement désiré le bonheur de leurs semblables, qui, dans son ouvrage *La science de la législation*, plein des réflexions les plus sagaces sur nos lois criminelles, réclame déjà une partie des garanties que nous avons obtenues plus tard; Pierre Verri, Gianone; tant d'autres enfin : tous ces hommes peuvent revendiquer une large part dans le progrès qui s'est accompli avant la Révolution de 89.

Mais, à côté d'eux, quel rôle immense que celui de Voltaire ! Tandis qu'ils ont émis des idées philosophiques, construit des théories, composé des livres, lui, abordant le côté pratique de l'œuvre, travaille à émouvoir réellement les âmes avec ces faits qui n'arrachent aux autres que des considérations spéculatives. Les ouvrages de Montesquieu et de Rousseau, de Beccaria et de Filangieri, et des autres grands publicistes du temps, font connaître aux hommes leurs droits, mais ne les relèvent pas de l'impuissance de les faire prévaloir. Ils les instruisent, mais les laissent dans l'isolement, c'est-à-dire dans la faiblesse. Chaque province s'émouvra sans doute des atrocités commises dans son sein, mais les provinces voisines resteront indifférentes : nulle opinion publique ; la justice peut tout oser, le gouvernement tout braver. Bien différente est la tactique de Voltaire : qu'un innocent soit frappé, il proteste, et chaque jour, presque à toute heure, pendant des années entières, il répétera sa protestation; elle se répand peu à peu, de province en province, et enfin elle soulève tous les cœurs contre l'iniquité commise. Dès lors, l'opinion publique existe avec son influence bientôt toute-puissante. C'est Voltaire qui l'a créée : ce n'est pas Montesquieu ou Rousseau. Il l'a créée, en s'adressant à tout le monde et en forçant tout le monde d'entendre sa voix ; en représentant par un nom, Calas, La Barre, Montbailly, Lally-Tollendal, chacune des grandes idées pour lesquelles il combat, c'est-à-dire en leur faisant quitter le domaine de la spéculation pour celui de la réalité ; en les rendant ainsi plus intéressantes, plus susceptibles d'exciter la passion, en même temps que, par un effet réciproque, les causes des infortunés qu'il défend et qui, abandonnées à elles-mêmes, eussent été bientôt oubliées, prennent une plus haute importance par la grande idée ou l'intérêt général auxquels elles se rattachent.

S'adresser à tout le monde, parler un langage que pussent comprendre toutes les intelligences et tous les cœurs, voilà ce qu'a fait Voltaire. Aussi, tandis que Montesquieu s'enveloppe souvent d'allusions, fuit le langage direct d'un réformateur et demande quelquefois, pour être bien compris, que déjà ses lecteurs soient assez érudits ; tandis que Rousseau peut ne pas enthousiasmer toujours ceux qui n'ont pas une admiration exclusive pour la forme ; tandis que les publicistes italiens se bercent souvent de rêveries qui pourraient ne pas satisfaire l'esprit de la foule, Voltaire se fait toujours comprendre de tous. Et c'est ainsi que, pendant les vingt années qui ont précédé la Révolution, tout le monde a été comme imprégné de Voltaire. Ses idées, répandues partout, et qu'on s'assimilait si vite que chacun croyait bientôt les avoir toujours eues, étaient devenues la véritable monnaie courante. Presque tous les hommes qui ont composé nos trois assemblées de la Révolution avaient été nourris de Voltaire, et le fond de leur esprit, c'était l'esprit de Voltaire. Seulement, comme il faut dans les assemblées, aux temps de crises, présenter, sur toutes les questions politiques et sociales, des *systèmes*, et qu'il n'en avait jamais construit un seul, ils se tournèrent vers Montesquieu et Rousseau ; et, de la sorte, ils ont apparu à la postérité comme les disciples de ces grands hommes; eux-mêmes croyaient l'être : en réalité, pour toutes les idées essentielles, ils vivaient sur celles de Voltaire. Qu'est-il arrivé plus tard? que, les systèmes pris dans Montesquieu et Rousseau étant tombés un jour comme tombent tous les systèmes, ces deux philosophes ont été, de nos jours, mis un peu de côté : il ne faut pas se le dissimuler, quoique d'hier, ils vieillissent déjà, Rousseau surtout. Voltaire n'a pu tomber, au contraire, avec aucun système, puisqu'il n'en avait édifié aucun ; et il est aujourd'hui ce qu'il était à la veille de la Révolution. Sans doute, les grands écrivains du XIXe siècle se rattachent plutôt, par la forme du style, à Rousseau qu'à Voltaire : mais laissons de côté l'apparence extérieure ; le fond des idées de ces grands écrivains eux-mêmes, c'est Voltaire. Et si, de là, nous passons à l'ensemble de la société, nous voyons que ses idées et ses croyances sont les idées et les croyances de Voltaire. « Croyance à Dieu, à la liberté, à la morale, distinction de l'âme et du corps, conviction de l'immortalité : » c'est là toute la philosophie de Voltaire; n'est-ce pas encore, de nos jours, toute celle des hommes qui pensent? En politique, il voulait le gouvernement que nous appellerions aujourd'hui le gouvernement parlementaire, « qui conserve tout ce que la monarchie a d'utile et tout ce qu'une république a de nécessaire ; » l'immense majorité des Français en est là, à notre époque. En matière judiciaire, il voulait de nombreuses réformes, que nous avons énumérées ; nous n'allons pas plus loin que lui. On peut donc dire qu'il représente l'esprit humain dans notre pays, aujourd'hui comme avant la Révolution. C'est qu'il n'a pas été seulement un philosophe, un poëte, un historien ; il a été l'homme dans lequel s'est montré *à nu* le fond de l'esprit français, fond qui reste le même sous les apparences diverses que lui donnent les générations successives. Voilà pourquoi Voltaire restera toujours comme s'il était de la veille. M. Villemain a pu dire : « Il domine ceux-là mêmes qui repoussent son nom. »

Que si, pour ne pas franchir les limites de cette étude, nous étudions seulement son influence sur la réforme de nos lois criminelles, il est facile de voir qu'elle a été prépondérante. Presque tous ceux qui ont élaboré notre Code d'instruction criminelle et notre Code pénal appartenaient, en effet, à cette génération qui naissait au milieu du XVIIIe siècle ; qui rencontra, comme elle arrivait à l'adolescence, Voltaire à son apogée et dirigeant le monde intellectuel et moral ; qui lut avec une ardeur fiévreuse tous ses ouvrages ; qui s'enthousiasma pour ses idées, et qui pensa toujours qu' « on trouve tout dans Voltaire ; » assurant, selon l'expression de M. de Tracy, qu'il ne reste, après l'avoir lu, qu'à le relire, et que cette lecture tient lieu de celle de tous les autres auteurs, même des plus célèbres. Dans les questions criminelles qu'ils eurent à résoudre plus tard, le défenseur de Calas et de La Barre dut donc leur servir de guide. Du reste, ne l'oublions pas, ce sont les vœux exprimés dans les cahiers des États généraux que l'on a essayé de réaliser, du moins en partie, dans nos lois criminelles : or, ces vœux, qui s'élevaient de toute la France, qu'étaient-ils, sinon la traduction des idées de Voltaire ? N'était-ce pas lui qui, par ses protestations éloquentes, avait créé une opinion publique en France? Les populations, poussées par lui à la revendication de lois plus humaines, ne firent, en exprimant plus tard leurs sentiments dans les cahiers, que répéter le langage qu'il leur avait si souvent fait entendre : et c'est ainsi que les idées de Voltaire ont passé d'abord dans les cahiers de 89, puis, en partie, dans notre législation criminelle.

Mais, avant de pénétrer dans nos lois, ces principes qui doivent présider à l'administration de la justice, et que Voltaire avait proclamés, allaient être, et plus terriblement encore que par le passé, violés pendant la Révolution. On a dit souvent que si Voltaire avait assisté à cette période agitée de notre histoire, elle l'aurait surpris, désolé, et qu'enfin lui-même eût été victime du mouvement qu'il avait tout fait pour préparer. Il est certain, en effet, qu'après avoir, à l'aurore de la Révolution, applaudi aux nobles efforts de l'Assemblée constituante, il aurait éprouvé, devant les excès de la Convention, une douleur immense. Mais sa surprise eût été moindre : c'est que personne ne savait, mieux que lui, qui a si souvent caractérisé les Français « un peuple passant sans interruption des amusements du spectacle aux plus effroyables boucheries, » à quelles horreurs ils peuvent se livrer ; le sang versé en

93 l'aurait donc indigné, mais comme l'avaient indigné les massacres commis pendant des siècles au nom de la religion, et sans l'étonner davantage. Seulement sa voix généreuse se fût élevée. En voyant se succéder à l'échafaud toutes ces grandes figures de la Révolution, que vouait au supplice une politique insensée, il eût trouvé dans ce cœur, d'où s'étaient échappées tant de protestations contre l'injustice humaine, des accents nouveaux et toujours émus pour défendre les nouvelles victimes de la fureur des hommes. Que serait-il sorti de ces efforts héroïques? Aurait-on, au milieu de la tempête, écouté cette voix qui, dans des temps plus calmes, avait dominé la société tout entière ? On ne saurait le dire; mais c'eût été, du moins, un beau spectacle que celui de cet homme, qui, après avoir soutenu la justice et la liberté contre l'Église ou les parlements, les aurait encore, avant de mourir, défendues contre le despotisme de la foule : changeant ainsi d'adversaires, mais ne changeant ni de but, ni de convictions.

Aujourd'hui, bien que Voltaire soit un homme de notre époque, autant qu'il ait jamais été du XVIIIe siècle, la postérité a déjà commencé pour lui, et nous pouvons nous faire une juste idée de sa véritable grandeur. Pour juger un homme, il faut, en effet, ou vivre tout à fait de son temps, ou ne venir que longtemps après lui : ceux qui lui succèdent immédiatement et qui, sans être encore la postérité, n'ont pas été les témoins de sa vie, ne peuvent connaître aussi exactement que les contemporains chacun des faits qui ont rempli son existence; et, d'un autre côté, encore trop rapprochés de lui pour voir les choses dans leur ensemble, ils ne peuvent en apprécier l'harmonie générale, comme les générations suivantes qui les aperçoivent de plus loin : c'est ainsi que, sur la plupart des hommes, cette génération *intermédiaire* a porté un jugement, différent à la fois du jugement des contemporains et de celui de la postérité. Voltaire en a fait doublement l'expérience. Immensément admiré par les hommes de son temps, il s'éteignit dans une véritable apothéose. Mais au commencement de ce siècle, sous l'influence de Mme de Staël et de Chateaubriand en France, de Gœthe et de Schiller en Allemagne, de Walter Scott et de Byron en Angleterre, on se détacha beaucoup de lui et on se prit même à le juger avec sévérité. Plus tard enfin, les jugements des contemporains et de la postérité se ressemblant le plus souvent, on lui rendit de nouveau justice; et, aujourd'hui, après quatre-vingt-dix ans écoulés, il est aussi grand que dans les dernières années de sa vie. Mais allons plus loin : à la mort de Voltaire, quelle œuvre admirait-on le plus, parmi celles qu'il laissait? Un avocat, dont nous avons déjà rencontré le nom, Linguet, publia, quelques années avant la Révolution, un Essai, peut-être un peu sévère, mais qui donne bien l'opinion générale des contemporains sur Voltaire. Après avoir rendu justice aux qualités de l'écrivain, il ajoute, passant à la défense de Calas, de La Barre, de Sirven, qu'il regarde comme le titre le plus sérieux de ce grand homme, devant la postérité : «... Grâce à lui, les mœurs sont devenues plus douces, et les yeux plus ouverts sur ce qui pouvait les blesser. Des arrêts qui trente ans plus tôt n'auraient pas excité la moindre sensation, ont été cassés par la voix publique qui a forcé le gouvernement de ratifier ce cri de la nation et de la justice... C'est à M. de Voltaire qu'on en a l'obligation... : il a des droits à la reconnaissance de ses contemporains et de la postérité. » Tel est le jugement porté par le dernier siècle sur Voltaire. Plus tard, à l'époque où on essaya de le diminuer, ce qui excitait encore quelque admiration, c'étaient (comme si on eût pris à tâche de renverser tout ce qu'avait pensé de lui le siècle passé!) ses poésies légères, ses romans, même ses tragédies : des nobles causes qu'il avait soutenues avec tant de désintéressement et de véritable courage, il n'était plus question, à moins qu'on ne cherchât, ce qu'on a osé faire, à trouver, dans ces procès si glorieux pour lui, un exemple de légèreté et de mauvaise foi. Aujourd'hui que nous avons replacé Voltaire sur le piédestal que lui dressèrent ses contemporains, nous recommençons aussi, par une conséquence naturelle, à voir, comme eux, dans ces réhabilitations d'infortunés, son plus durable titre de gloire : et ce jugement, l'avenir le consacrera.

Ses tragédies, déjà vieillies pour la plupart, pourront tomber dans l'oubli ; ses romans, ses contes, ses ouvrages historiques, même ses poésies légères, recevront peut-être quelque atteinte du temps : mais, tant que l'esprit de fanatisme essayera encore de gouverner le monde, on se rappellera Calas et Sirven; tant que la société civile, osant scruter les consciences, punira des fautes qui n'existent que devant la loi religieuse, on se rappellera le chevalier de La Barre ; tant que la passion politique fera d'une défaite un crime irrémissible et traitera comme un coupable celui dont il faudrait respecter le malheur, on se rappellera

Lally-Tollendal; tant que des juges, disposés à voir partout des coupables, condamneront sans preuves et frapperont des innocents, on se rappellera Montbailly et tous les clients de Voltaire. Ses généreuses protestations seront louées, exaltées sans cesse, pour le bien qu'elles ont produit dans le passé, pour le bien qu'elles produiront encore dans l'avenir; et c'est ainsi que, par ce côté où il s'est montré réellement homme, dans le sens le plus élevé du mot, Voltaire vivra toujours, tant qu'il y aura dans le monde une humanité opprimée. Sa gloire même est de celles qui grandiront avec les siècles, s'il est vrai, comme on doit l'espérer, qu'en se civilisant chaque jour davantage, la société verra tout d'un plus juste regard; qu'elle s'éloignera de ceux qu'on est jusqu'ici convenu d'appeler les grands hommes, ces aventuriers audacieux contempteurs de tout droit, ces bruyants héros des champs de bataille, ces destructeurs d'empires, indifférents à la vie de leurs semblables et à l'avenir moral du monde, et qu'elle réservera le tribut tout entier de son admiration à ceux qui l'ont aimée de tout leur cœur, instruite de toute leur raison, et qui, lui faisant chérir, non les triomphes vains ou coupables de la force, mais la justice et la liberté, l'ont rendue meilleure et par conséquent plus heureuse.

PARIS. — J. CLAYE, IMPRIMEUR, RUE SAINT-BENOIT, 7. — [1666]

www.ingramcontent.com/pod-product-compliance
Lightning Source LLC
LaVergne TN
LVHW020419230826
846091LV00004B/1329